渋沢栄一
「論語と算盤」の思想入門

守屋 淳 Moriya Atsushi

NHK出版新書
641

はじめに　渋沢栄一はなぜ日本や世界で求められているのか

答えのない時代に答えを作る

渋沢栄一は、二〇二一年のＮＨＫ大河ドラマ「青天を衝《つ》け」の主人公や、二〇二四年からの新一万円札のデザインに選ばれて、広く日本人の間に名前を知られるようになりました。

彼は明治から昭和にかけて、約五百の会社（東京商工会議所調べでは四百八十一）にかかわり、さらに約六百の社会事業――病院、福祉、教育、災害支援等にかかわりました。一ヵ月に一つずつかかわったとしても、あわせて九十年以上かかるという、ちょっと信じられない数です。

しかも彼は、当時、悪化していた日米関係の改善に民間の立場から取り組み、大正十五（一九二六）年と昭和二（一九二七）年、ノーベル平和賞の候補にもなりました。

さらに彼が大蔵省《おおくらしょう》にいたとき、実質的に責任者であった「改正掛《かいせいがかり》」という特命チームの提言から実施されたのが、度量衡《どりょうこう》の統一、近代的郵便制度の確立、貨幣制度の統一、租税制度の改正、鉄道の敷設、近代的銀行制度の立ち上げ、太陰暦から太陽暦への変更などでした。

栄一なくして、日本の近代化はなかった――そう言い切ってもいいほどの実績を上げ続けた偉人が、彼だったのです。よくぞ今まで知名度が低いままでいたものだと思わざるを得ませんが、ここ十年くらい前から知名度が上がるにつれて、栄一の生き方に憧れたり、講演の抄録である『論語と算盤《そろばん》』を愛読書に挙げる人たちが急激に増えてもきました。

たとえばプロ野球・北海道日本ハムファイターズの栗山英樹《くりやまひでき》監督は、選手たちに毎年『論語と算盤』を配っていることがたびたびニュースでも取り上げられました。筆者のインタビューに、監督は次のように述べていました。

「（野球において自分が何をなすべきかという）基盤がしっかりしていれば、いくらでも努力できます。自分の志がはっきりすれば、いくらでも頑張れるものであって、人から『頑張れ』と言われるような問題ではないと思うんです。スイッチは自分でしか入らないので。

僕にとっては、そのスイッチを入れる材料が、渋沢さんの思いなんです。『申し訳ない、

渋沢さん、力借りますよ、お願いしますよ』って」(1)

また、企業支援の草分け的存在であるサムライインキュベート代表取締役・榊原《さかきばら》健《けん》太郎《たろう》さんも、こう述べていました。

「僕も渋沢さんのように一〇〇年後とか、五〇年後でもいいですけれども、『あ、こんな当たり前な大企業を、榊原健太郎っていう人間が作ったのか』といわれるようになれればいいと思っています」(2)

さらに、情報キュレーションサービスを提供するＧｕｎｏｓｙの創業者・福島良典《ふくしまよしのり》さんは、次のように指摘しています。

「明治という答えのない時代の中で、渋沢栄一は答えを作っていった。今の時代も同じなので参考になる」(3)

ここで挙げられた栗山監督のいう「渋沢さんの思い」とは何か。さらに、福島さんのいう「答えのない時代」のなかで、栄一はどのようにして答えを作り出していったのか。それらを解く鍵に当たるのが、

「論語と算盤」

という彼の思想に他なりません。本書は彼の人生や、彼が理想とした経済体制である「合《がっ》

本《ぽん》主義」をもとにして、「論語と算盤」を深掘りし、答えのない時代に答えを作るヒントを汲み出していきたいと考えています。

世界で求められる渋沢栄一

栄一の人気は、何も日本国内ばかりではありません。海外でも注目を集めています。その一部をご紹介しましょう。

もともと海外で栄一に高い評価を与えていたのが、死してなお世界中に大きな影響力を保ち続ける知の巨人ピーター・ドラッカーでした。

彼は、代表作の一つである『マネジメント』の日本語版序文において、次のように書いています。

> 率直にいって私は、経営の「社会的責任」について論じた歴史的人物の中で、かの偉大な明治を築いた偉大な人物の一人である渋沢栄一の右に出るものを知らない。彼は世界のだれよりも早く、経営の本質は「責任」にほかならないということを見抜いていたのである。（中略）本書全巻を貫くものは、結局、渋沢栄一がかつて喝破した

「経営の本質は〝責任〟にほかならない」という主題につきるといえる。[4]

ドラッカーが経営学者や社会学者として活躍した二十世紀の後半、それは日本が経済大国として驚異の発展を遂げた時期に当たっていました。その様子を目の当たりにしたドラッカーは、「なぜ日本は敗戦のどん底から、奇跡のような経済発展を成し得たのか」という観点に強い関心を抱き、その成功の原点に栄一の見識と活動を見出したのです。

さらに二〇一一年から、海内外の著名な経営史の教授たちが、渋沢栄一研究のプロジェクトにかかわり、その成果が二〇一七年に *ETHICAL CAPITALISM : Shibusawa Eiichi and Business Leadership in Global Perspective*（University of Toronto Press　日本版『グローバル資本主義の中の渋沢栄一』東洋経済新報社）として上梓されました。

このプロジェクトを主導した、渋沢栄一記念財団前研究部部長で国際政治学者の木村昌《きむらまさ》人《と》氏は次のように述べています。

「海外の教授たちに共通していたのは、リーマンショックのあと、強欲資本主義がダメになったという認識から、道徳と経済との関係を考える上で、渋沢栄一の思想や実践が参考になるという点でした。また、実際に教授たちが研究に着手した後でしたが、台頭する中国で渋沢栄一が人気だということがわかり、さらに興味を引いたようです」

この指摘にあるように、近年、中国において栄一と『論語と算盤』に注目が集まり、二〇二〇年十一月現在、『論語と算盤』は中国本土で九種類もの簡体字訳が出版されています。中国は、モラルある資本主義を作るために、栄一とその「論語と算盤」の思想に大いに学ぼうとしているのです。

また、直接的には栄一は関係ありませんが、二〇一九年、アメリカのビジネス・ラウンドテーブル（日本の経団連のようなもの）が「企業の目的に関する声明」を出しました。そのなかで今までの「株主至上主義」をやめて、

「どのステークホルダーも不可欠の存在である。私たちは会社、コミュニティー、国家の成功のために、その全員に価値をもたらすことを約束する」[5]

と宣言したのです。後ほどご紹介しますが、これは栄一の「合本主義」という考え方と瓜二つ。どの程度本気で取り組むかは疑問符もつけられていますが、アメリカが百年以上遅れて栄一の思想を追いかけている現状があるのです。

なお、本文についてあらかじめ断り書きを入れておきますと、第一章と第二章で取り上げた栄一の生涯のなかで、注がついているもの以外の発言部分は、彼の自叙伝である『雨《あま》

夜譚《よがたり》』から筆者が現代語訳したものです。本文中で引用した『論語と算盤』『論語講義』『青淵回顧録《せいえんかいころく》』もすべて現代語訳になります。また、ドラッカーの引用にかんしては井坂《いさか》康志《やすし》先生から教えを頂きました。

最後になりましたが、本書の完成は公益財団法人渋沢栄一記念財団の渋沢雅英《しぶさわまさひで》前理事長、井上潤《いのうえじゅん》理事、木村昌人前研究部部長のご厚誼とご指導によるものです。また、編集を担当して頂いたＮＨＫ出版の井本光俊さんのご尽力の賜でもあります。記して感謝と致します。

渋沢栄一「論語と算盤」の思想入門　目次

第一章　激動の前半生

渋沢栄一の生涯①

時代の児

文豪・幸田露伴《こうだろはん》は、かつて渋沢栄一を「時代の児《こ》」と評しました。時代状況が産み出した傑物だという指摘ですが、確かに彼の人生は、幕末から明治、大正、昭和という時代の移り変わりを、一身に体現する面があります。

栄一自身、自分の人生を振り返って、

「自分の身の上は、はじめは卵だったカイコが、あたかも脱皮と活動休止期を四度も繰り返し、それから繭《まゆ》になって蛾になり、再び卵を産み落とすような有様で、二十四、五年間に、ちょうど四回ばかり変化しています」

と述懐したように、何度も変転を繰り返しつつ、激動の時代をくぐりぬけていきました。

最初にその変化のさまを簡単にご説明しますと、栄一はまず、

1　尊王攘夷《そんのうじょうい》の志士

として活動していたのですが、ひょんなきっかけから、

2　一橋《ひとつばし》家の家来、そして幕臣となる

つまり、討幕を叫んでいたはずなのに、その幕府の家臣となり、その後は、

3　パリ万博への代表団の一員としてフランスに渡る

という経験をします。攘夷、つまり外国人を打ち払えととなえていた本人が、ヨーロッパにいって、しかもそこで感化されてしまったのです。そのあと、

4　明治政府の官僚

となって、今度は大蔵省でバリバリと活躍し、最後に、

5　実業家、社会起業家

として、「はじめに」でも述べたように、四百八十一社あまりの企業や約六百の社会事業にかかわり、文字通り資本主義の父、実業界の父にふさわしい成果を上げていくという生涯をたどりました。

一見すると、相反するものの間を右往左往しているようにも見えますが、実はそうではありません。このフラつきの根柢には、揺るがぬ芯があったのです。これについては、後ほど詳しく触れていきます。

彼が生まれたのは、徳川幕府が滅びる二十七年前、天保《てんぽう》十一（一八四〇）年でした。世界史的にいえば、お隣の中国でアヘン戦争が勃発した年になります。

この天保十一（一八四〇）年の前後に生まれた偉人を見ると、

・十二歳年上——西郷隆盛《さいごうたかもり》

・十歳年上――大久保《おおくぼ》利通《としみち》
・七歳年上――木戸《きど》孝允《たかよし》
・五歳年上――岩崎《いわさき》弥太郎《やたろう》、福沢《ふくざわ》諭吉《ゆきち》
・四歳年上――坂本《さかもと》龍馬《りょうま》
・一歳年上――高杉《たかすぎ》晋作《しんさく》
・同い年　――黒田《くろだ》清隆《きよたか》（第二代内閣総理大臣）
・一歳年下――伊藤《いとう》博文《ひろぶみ》

となり、栄一は、幕末維新の志士の若手たちとほぼ同年齢。

一方、亡くなったのが昭和六（一九三一）年。ちょうどこの年に起こったのが満州事変でした。日本が中国との戦争に突入する象徴的な事件が勃発した年なのです。

彼が生まれたのは、武蔵国《むさしのくに》榛沢郡《はんざわごおり》血洗島村《ちあらいじまむら》渕之上《ふちのうえ》（今の埼玉県深谷《ふかや》市血洗島）。血洗島村の近くには中山道《なかせんどう》の深谷宿や、利根《とね》川の船着き場である中瀬河岸《なかぜかし》があり、商業や交易で栄えていた地域が目と鼻の先でした。

ただし血洗島村は、利根川の氾濫の影響もあって水田が少なく、当時支配していた岡部《おかべ》藩は貧乏藩でした。これが後に栄一の思想形成に大きな影響を及ぼすことになります。

父は市郎右衛門《いちろうえもん》、母は栄《えい》。実家は農業や養蚕《ようさん》、藍玉《あいだま》（染め物に使う藍を、輸送用に丸めたもの）の製造を手掛ける豪農でした。市郎右衛門は優秀な人物であり、養子として傾いていた家を立て直し、正確な推定は難しいのですが、おそらく現代でいえば年収一千万ほど稼いでいたようです。

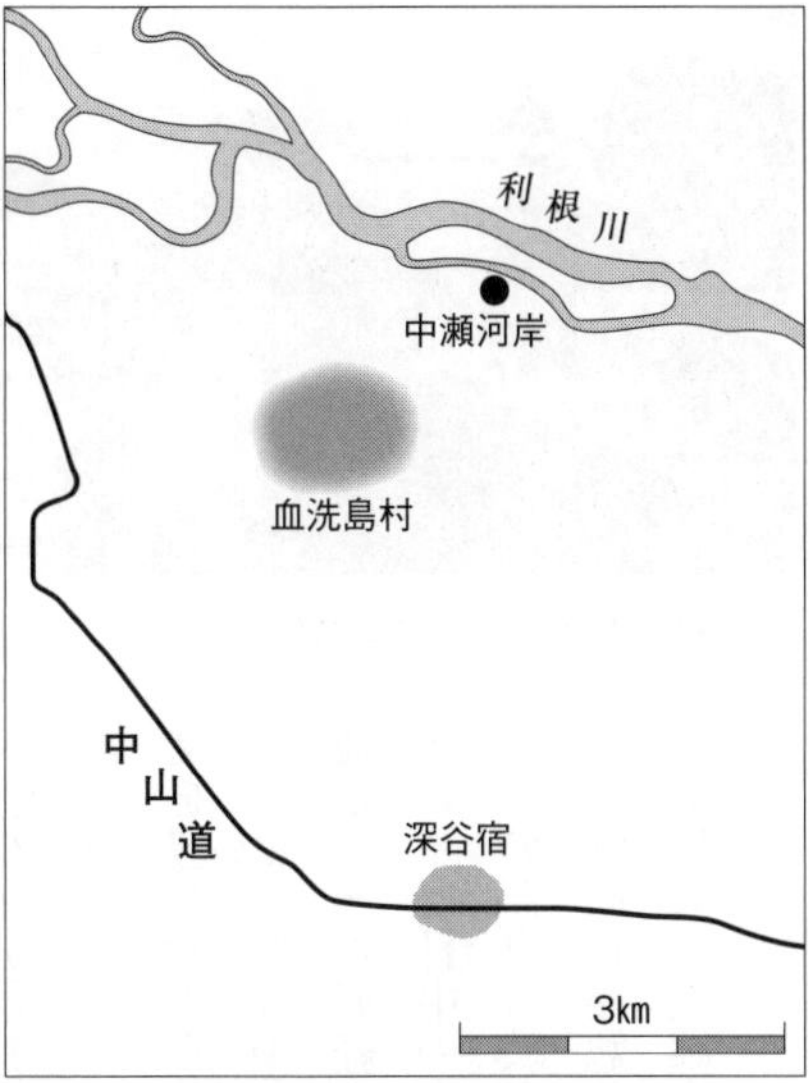

渋沢栄一の生家があった血洗島村周辺図

兄弟や姉妹は多くいたのですが、ほとんどが若くして亡くなってしまい、栄一は跡取りとして大事に育てられました。ちなみに彼の名は何度も変わっており、時期によって市三郎《いちさぶろう》、栄治郎《えいじろう》、美雄《よしお》、栄一、篤太夫《とくだゆう》、篤太郎《とくたろう》とかなり多岐にわたります。また、青淵という雅号も持っています。

彼は、六歳から『蒙求《もうぎゅう》』（子供用の漢文入門書）や『論語』などの手習

血洗島村の栄一生家（渋沢史料館所蔵）

いを父から受けました。いわば「論語」的な側面の学びが始まったわけですが、とても優秀だったので、本格的に漢文を習わせようと、私塾を開いていた十歳年上の従兄・尾《お》高《だか》惇忠《あつただ》（新五郎《しんごろう》）のもとに七歳から通うことになります。彼から四書五経や『左伝』『史記』『日本外史』『日本政記』といった日中の書物の教えを受けていきました。

　この惇忠の教え方がとてもユニークでした。現代でいえば、真面目な勉強の本を無理に読ませるのではなく、自分が気に入った娯楽に近い本をどんどん読ませていったのです。

「読書の読解力をつけるには読みやすいものから入るのが一番よい。どうせ四書五経を丁寧に読んで腹に入れても、本当に自分のものとなって役に立つようになるのは、だんだん年を取って社会で様々なことを経験してからだ」

というのが惇忠の考えでした。この結果、大の読書好きになった栄一は、正月の年始回りのとき、本を読みながら道を歩いて溝のなかへ落ち、晴着の衣装を汚して、母親にとても怒られたりしたこともありました。

商売の才覚を見せる

このように読書をはじめとして、剣術や習字などの稽古で日々を送っていた栄一でしたが、十四、五の歳のときに、父より実家の手伝いに精を出すようにいわれ、家業にも励んでいきます。

家業とは、麦や藍作り、養蚕、さらには他人の藍も買い入れて藍玉にして北関東一円の紺屋《こうや》（染物屋）に送って、後で代金をとる掛売《かけうり》商売などでした。

彼は、こうした「算盤」の側面でも才能を見せつけます。

十四歳のときに、栄一は父から「祖父のお供をして藍の買い出しに行ってきなさい」と申しつけられます。そこで彼は、自分が一人前であることを証明してやろうと、祖父に頼み込んで、祖父とは別行動で村々をまわって藍を買いつけたのです。

ただし、まだ彼は鳶口髷《とびぐちまげ》（子供の髪型）で、子供の風体でしたから、馬鹿にして誰も相手にしてくれません。そこで、前に父に随行したときに見たやり方を見よう見まねで、

「これは肥料がすくない」

「これは肥料が〆粕《しめかす》（豆や魚から油を絞った後のカス）でない」

「乾燥《ほし》が悪いからいけない」

などと、まるで医者が病気を診察するようにいちいち指摘してみせたのです。村の人々はびっくりして、「妙な子供が来た」といって、かえって珍しがって相手にしてくれました。この結果、大量の藍の買いつけに成功したのです。

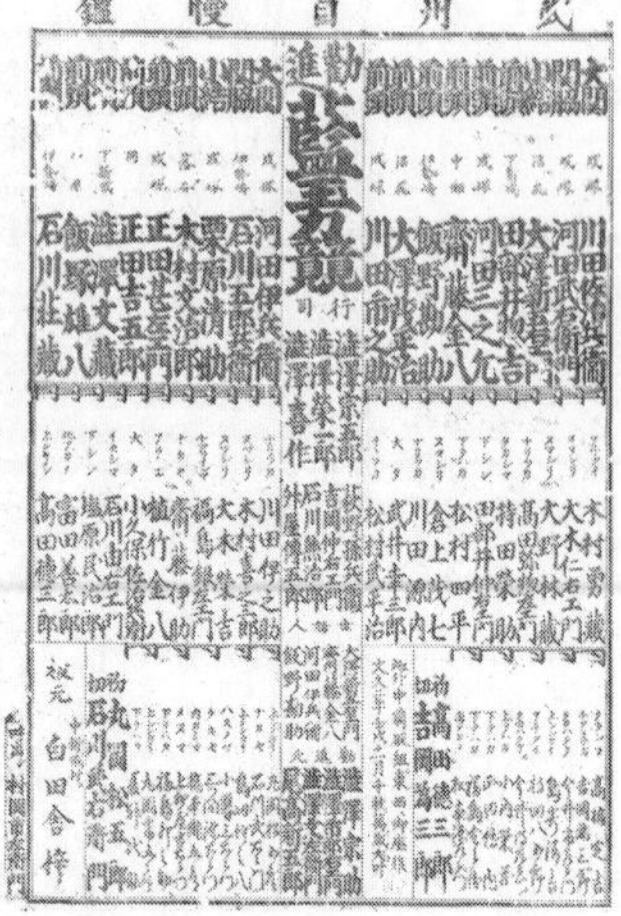

武州自慢鑑藍玉力競（渋沢栄一記念館所蔵）

また、ある年には、近くの村から多くの藍を買い集めると、相撲の番付のようなもの（武州自慢鑑藍玉力競）を作って、その藍を作った人々を招待しました。そして、藍の善し悪しに応じて席順を決めて、一番よい藍を作った人から順に上席に坐《すわ》ってもらいました。こうして藍の生産者たちの競争心を煽りつつ、「来年にはいま一層よい藍を作るように注意しよう」などといって奨励したのです。

若かりし頃の商売や金銭を扱うという経験は、現代風にいえばビジネスと会計のセンスを磨き上げ、後に彼の大きな武器となっていきます。

代官からの辱め

そんななか、転機となる一つの事件に栄一は出くわします。

彼が十七歳のとき、住んでいた血洗島の領主が、栄一の家やその親戚に対してご用金（領主からの借金）を申しつけてきました。岡部藩は、米作に適さない土地柄だったために豊かとはいえず、何かといえば豪農の家などに借金を押しつけてきたのです。

栄一は父の代理人として代官所に出向いていきました。そこで五百両という大金を若森という代官から言いつけられます。それに対して栄一は、

「自分は代理人としてまいりましたので、今日は金額だけをうかがって帰り、ご用金を受ける旨は、後日また伝えにまいります」

と述べました。代理で来たわけですから、その場での即答を避けたのです。ところが代官は、それを許しません。馬鹿にした口調で、こんなことを言い始めます。

「お前いくつになるんだ」

「はい、わたしは十七歳でございます」

「十七歳になっているんなら、もう女も買う年頃だろう。そうなら三百両や五百両なんてたいしたことないはずだ。きちんとご用を聞いておけば、覚えもよくなって、世間体も立つというもの。父に聞いてからなどと、何をわからないことを言っているのだ。お前の家の財産で、五百両などたいした金額ではあるまい。いったんまた帰ってから来るなどという、手ぬるいことは承知しないぞ。何とでもわたしの方から言い訳してやるから、すぐに承知しましたという挨拶をしろ」

　他にも口汚い言葉を浴びせられました。しかし、栄一は、

「いったん帰ってからでないとお返事できません」

と繰り返し、何とかその場は逃れました。結局、領主に逆らっても仕方がないという父の判断で、五百両のご用金は受けることになりましたが、栄一はこの事件に対して、後々まで、家族の前でこう語っていたそうです。

「本当に横っつらをハリたおしてやりたいほど腹が立ったよ」

　そして、次のような考えを抱くに至ったのです。

「いま、岡部藩の領主は、年貢を当然のように取る一方で、返済もしないお金を『用金』とか何とか名をつけて取り立てている。そのうえ人を軽蔑したり馬鹿にしたりして、まる

で貸したものでも取り返すかのように『金を貸せ』と命令する。この道理はそもそもどこから生じたものであろうか。

察するにかの代官は、言葉づかいといい動作といい決して知識のある人とは思われぬ。このような人物が人を軽蔑できるのは、そもそも官職を世襲するという徳川政治からすべてはこうなったわけだ。こうした政治の弊害がもはやどうしようもないところまで行きついた、と思ったのだ。

さらにこれについて深く考えてみると、自分もこの先いまのように百姓をしていると、いわば虫けら同様の知恵分別もない武士からまず軽蔑され続けてしまう。さてさて残念千万なことである。こうなったらどうしても百姓を辞めたい、あまりといえば馬鹿馬鹿しい話だ」


同じような思いは、当時、才能がありながら下級の武士や農民の身分に押し込められていた人々が共通して抱いていたものでした。こうした思いが各地で結晶化し、やがて古い封建体制を壊す原動力となってもいったのです。

高崎城襲撃計画

さて、栄一が大人へと成長していくのと軌を一にして、ペリー艦隊の来航（一八五三）や日米和親条約締結（一八五四）、尊王攘夷論の勃興、桜田門外《さくらだもんがい》の変（一八六〇）などが起こり、日本は大きな変化の時代を迎えました。

栄一の周囲でも、学問の師である惇忠を中心に、その弟・尾高長七郎《おだかちょうしちろう》や、栄一の従兄にあたる渋沢喜作《しぶさわきさく》、そして近隣の有志などが集まり、当時の政治情勢について激論を交わしていました。

惇忠の学問は「尊王攘夷」を唱える水戸《みと》学の影響下にあり、そこに集まる人々も、同じ思想を共有していました。二十二歳のとき、栄一は二ヵ月余りですが江戸に遊学して、海《かい》保漁村《ほぎょそん》という有名な儒者の塾や、千葉周作《ちばしゅうさく》の創設した玄武館《げんぶかん》という剣術の道場で学び、やはり江戸に集まっていた志士たちと交際を重ねたこともあります。

やがて若き血気にはやった彼らは、恐るべき計画を企てます。それが高崎《たかさき》城の乗っ取りと、横浜《よこはま》の焼き討ちでした。

彼らの考えた手順はこうです。まず高崎城に夜襲をかけて乗っ取り、武器を奪い取る。そのうえで横浜に繰り出して、外国人の住居を焼き払い、手当たり次第に外国人を切り殺して気勢を上げ、多くの志士たちの蜂起を促し、幕府打倒を企てる——
決行日を冬至にあたる文久《ぶんきゅう》三（一八六三）年十一月二十三日に決めると、彼らは仲間を増やし、槍《やり》や刀などを着々と買い集めていきました。ところが間際になって、計画の中止を唱える人物が現れます。それが仲間のうちでも急進派と思われていた従兄の長七郎でした。

彼は坂下門外《さかしたもんがい》の変（一八六二）に加わったという嫌疑を受けて、身を隠すために京都に滞在していました。当時の京都は情報の坩堝《るつぼ》であり、そのため彼は最新の国内情勢の事情通でした。栄一たちは、そんな長七郎にも計画に参加して欲しいと、手紙で呼びよせたのです。

ところが、地元にもどった長七郎は、計画に反対します。十月二十九日、首謀者たちが集まった最後の合議で、「こんな事件を起こしても、結局、ただの百姓一揆と同じに見なされて、犬死にするのがオチだ」と長七郎は説きました。しかし栄一たちも、すでに決行の覚悟を決めていましたから、今さら止められないと夜を徹しての議論となります。お互いに激して、長七郎は、

「お前を殺しても挙行を阻止する」

といい、栄一も、

「長七郎を刺しても挙行する」

といい、ついに二人で「殺すなら殺せ、刺し違えて死ぬ」というまでに血眼になって論じたりもしました。しかし最後に栄一の方が、長七郎の意見に分があることを認めて、中止に同意したのです。

先ほど、子供の頃に栄一は、師・惇忠の教えで、自分の気に入ったものを中心に幅広く読書をしていた旨、述べました。第三章で詳述しますが、その結果として彼は、「反対意見も含めた幅広い情報を集め、そこから物事を判断すべきだ」ということを学んだと、渋沢史料館館長の井上潤氏は指摘しています。この人生の重大な岐路で、その学びが活きたのでしょう。

ただし、中止に決めたとはいえ、関東取締出役《かんとうとりしまりしゅつやく》という、今でいえば公安警察が栄一たちに目をつけて、その動きを探ってもいました。このままでは捕縛される可能性もあったので、身を隠すために、従兄の喜作とともに、お伊勢《いせ》参りという名目で西に逃げることにしました。ちなみに、このとき事情を察した父親が栄一に渡してくれたのが百両という大金。当時の豪農がいかに稼いでいたのか、わかる話です。

一橋家の家臣となる

栄一と喜作は、京都を目指しました。京都には、かねてから面識のあった一橋家の用人・平岡円四郎《ひらおかえんしろう》がいて、二人は彼を頼ったのです。平岡は当時、

「天下の権力は、朝廷にあるはずなのに幕府にある。幕府にあるはずなのに一橋家にある。一橋家にあるはずなのに平岡にある」

と評されたほどの実力者。栄一や喜作のような見所のある志士たちとも、かねてから交流を持つような度量ある人物でした。


栄一と喜作は、京都で、志士たちとの交遊に励みますが、そのなかの一人に西郷隆盛がいました。彼らは西郷から、

「お前はなかなか面白い男じゃ。食い詰めて仕方なく放浪しているのでなく、生活手段があってしかも志を立てたのは感心な心がけである。今後もときどき遊びに来るがよい[6]」

といわれ、その後もたびたび会っては、議論しました。ときには、

「今晩豚の肉を煮るから、一つ晩飯を食べて行かないか[7]」

などと西郷から誘われ、豚鍋を囲んだりもしたのです。


しかし、派手な交遊がたたって、手持ちのお金が心許なくなっていきます。

さらに郷里から、二人のもとに意外な知らせが届きました。同志だった長七郎が、一時的に精神の変調をきたし、往来の飛脚を切り殺して捕縛されてしまったのです。

　幕府からの取り調べ中に、下手をすると高崎城襲撃計画の件が漏洩《ろうえい》する恐れもあり、栄一と喜作は、うかつに郷里へもどることもできなくなります。すると絶好のタイミングで、平岡が一橋家への仕官の誘いをかけてきました。平岡は二人の能力を高く買っていたのです。

一橋慶喜（渋沢史料館所蔵）

「このさい、お前たちは志を変えて信念を曲げ、一橋の家来になったらどうか。お前たちも聞いていると思うが、一橋の慶喜《よしのぶ》公は傑出した君主で、たとえ幕府が悪いといっても、一橋は少し違うところもあるぞ」
　手持ちの金が尽き、身を寄せる所もなく、しかも捕縛の危険が迫っている栄一と喜作にとって、平岡からの誘いはとても悩ましいものでした。

喜作は、あくまで「尊王攘夷」を貫いて、仕官は断るべきだと考えていました。一方、栄一は、

「この窮地を脱するためには、ひとまず一橋家の家臣という立場になるしかない。生き延びなければ天下のために尽くすこともできない」

と喜作を説得、結局、二人は一橋家に仕官を決めます。ただし、ここで面白い条件を彼らは平岡にぶつけました。

「一度君公に拝謁《はいえつ》をお申しつけ頂いて、たとえぞんざいな扱いをうけてもよいので、一言、直接申し上げて、その後にお召抱えを願いたい」

つまり、主君の一橋慶喜の前で、自分の意見を述べさせて欲しい。それが仕官の条件だ、というのです。現代でたとえるなら、大企業の幹部に、「お前の会社に入社してやってもいいが、まず社長に意見させろ」と食い詰めた就職浪人が要求するようなもの。かなり図々しい話なのですが、これが認められ、彼らは次のような意見を開陳します。

「一橋家は、未来のない幕府とは距離をとった方がいい。そして力を蓄え、徳川再興に備えるべきだ」

こうして栄一は、士分（武士の身分）となり、名もそれらしく篤太夫と改名しました（後

に栄一にもどす）。以後、慶喜と栄一は、終世にわたる厚い信頼に結ばれた君臣関係を結んでいきます。

　こうして一橋家の家臣となった栄一は、兵備充実と産業奨励という二点において、大きな力を発揮しました。

抜群の提案力

　栄一は一橋家に仕えると、薩摩《さつま》藩の重要人物と思われる折田《おりた》要蔵《ようぞう》に弟子入りして、その動向をスパイしたり、北関東を回って志士たちを一橋家にスカウトするなど、大きな成果を上げました。その間、目をかけてもらっていた平岡が水戸藩士から暗殺されてしまうという痛恨事もありましたが、異例の早さで一橋家の出世の階段を駆け上っていきます。

　当時、一橋家の当主・慶喜は禁裏《きんり》御《ご》守衛《しゅえい》総督《そうとく》（京都宮中の警備責任者）という地位に就いていました。ところが一橋家は、自前のまともな兵力を持っていません。そこで栄一は、平岡の後任となった黒川《くろかわ》嘉兵衛《かへえ》に、こんな提案をします。

「禁裏御守衛総督という地位にありながら、ほとんど軍備がないのは問題でしょう。ご領内の農民を集めて歩兵を編成したら、二大隊の兵くらいはたちまち備えることができます」

黒川や、慶喜もこれに賛同して、この案は採用されました。彼は「歩兵取立御用掛《ほへいとりたてごようかかり》（歩兵募集担当）」となって、一橋家の領内（武蔵、下野《しもつけ》、甲斐《かい》、和泉《いずみ》、播磨《はりま》、備中《びっちゅう》に分かれていた）を回り、苦労しながらも四、五百人集めることに成功します。

さらに栄一は、領内を回っているなかで、こんな考えを抱くようになります。

「一橋家が今のように常に幕府から沢山の資金を受けているわけにはいかないだろう。たとえ小さい領地ながらも、経済上の道理から少しでも収入を多くして、領地の者も富むような工夫をしてみたい。これらは結局、むかし商売を手がけていた自分の本領である」

そこで、黒川に対して、次の三点の経済政策を提言しました。

・米の売り方を改め、灘《なだ》や西宮《にしのみや》の酒造家に直販するルートを作ること

・播磨（今の兵庫県南部）の木綿を一つの名産として扱い、高く買い取った上で、いままでより安く大坂や江戸へ流通させる仕組みを作ること

・備中（今の岡山県西部）に硝石《しょうせき》（火薬の原料）の製造場を開くこと

これも即座に認められ、以前の役職に加えて「勘定組頭《かんじょうくみがしら》（財政・会計担当の役職）」となり、これらを見事成功させます。

栄一にとってもこうした経験は天の配剤でした。それまで商売や会計に強いといっても、実家の商売の範囲でしかありませんでした。ところがここで一橋家という大藩における財政や経済、さらには当時の経済の中心だった関西の金融システムを理解する機会を得たのです。ここで育まれた射程の大きい「算盤」の下地が、後の渡欧時の経済や金融理解に繋がっていきます。

ふてくされた栄一

ところが、そんな栄一に思いもよらぬ事態が降りかかります。

十四代将軍・家茂《いえもち》がわずか二十一歳で急死、その後継者に一橋慶喜が決定したのです。

もともと栄一は、慶喜は将軍になるべきではないと考えていました。当時、徳川幕府は世の怨嗟《えんさ》の的となり、屋台骨がゆらいでいました。そこで、幕府は名目だけの存在にしてしまい、慶喜は裏からうまく黒幕として幕府を操って、新しい体制を築くべきだ、と目論んでいたのです。

ところが慶喜が将軍になってしまうと、最高責任者として内外から蝕まれている幕府を内側から支えつつ、維持改革しなければなりません。さすがの慶喜でもそれは難しい、というのが栄一の見立てでした。

栄一の生涯を通じて滅多にないことですが、彼はこのときやる気をなくし、ふてくされてしまったのです。わざと遅く出勤して、好きな本を読み、大言壮語するような生活を続けました。

筆者などは、栄一ほどの人物でもふてくされてしまうことがあるんだと、ちょっと親近感を覚えてしまうのですが、栄一は、最後には浪人にもどるという決意を固めます。ところが、そんな栄一を見かねたのでしょう、意外な声が彼にかかるのです。

それがフランス行きの打診でした。

慶応《けいおう》三（一八六七）年、パリではフランスの威信をかけて万国博覧会が開かれようとしていました。

このとき、フランス皇帝であったナポレオン三世は、日本からも将軍家を招待したいとの意向を示します。そこで将軍の名代《みょうだい》として白羽の矢が立てられたのが、慶喜の弟にあたる水戸藩の徳川昭武《とくがわあきたけ》でした。昭武は民部大輔《みんぶのたいふ》という地位にあったため、『論語と算盤』の

フランスで髷を切った栄一（渋沢史料館所蔵）

なかでは民部《みんぶ》公子《こうし》と呼ばれています。

随行員には、当然お付きの水戸藩士が選ばれましたが、なにせ頭の固い武家出身者ばかり。そこで頭の柔らかい栄一にも、随行の一員として声がかかったのです。鬱々《うつうつ》としていた栄一は、これを絶好の機会と考えて承知しました。

彼ら一行、総勢三十三名は、一月十一日にフランスの郵便船アルヘー号で横浜を出発します。

この渡欧では、彼の好奇心の強さと、頭の柔軟さが見事に発揮されました。行きの船中では、今まで和食ばかり口にしていた彼が洋食のコースに舌鼓を打ち、コーヒーを飲んで口がスッとするという感想まで述べています。さらに、

「これまで攘夷論を主張して『外国はすべて野蛮で獣のようである』と軽蔑していたが、いよいよ外国へ行くと決めた以上は、このさい早く外国の言語を覚え、外国の書物が読めるようにならなくちゃいけないと思った。そのうえ、『自分も京都で歩兵編成のことを思い立って、そのことに関係してからは、兵制とか医学とか、または船舶、機械とかいうこ

とは、とうてい外国にはかなわない』という考えが起こって、何でも向こうのよいところを吸収したいという思いが生じていた」

と、ヨーロッパに行く以上、吸収できるものはすべて吸収してやれ、と気持ちを完全に切り替えました。

パリに着いた後には、ちょんまげ姿では目立ちすぎだということで、ばっさり髷《まげ》を切って洋髪にしました。ところが、その写真を妻の千代《ちよ》（師・惇忠の妹）に送ったところ、千代から「なさけなき姿」という手紙が来てしまい、それに言い訳をする返事を出したこともあります。

ベルギー皇帝の意外な発言

栄一たち一行は、パリ万博の式典に参加した後、パリに拠点を置きつつ、ヨーロッパの国々を視察してまわりました。使節団における栄一の役割は、経理および庶務全般。彼はパリでオペラを観劇したり、病院を視察し、またヨーロッパ各国をまわるなかで鉄道の整備状況に感心したりと、後の日本での活動につながるような見聞を積んでいきます。

さらに、栄一はお付きのフランス人から勧められて、フランスの政府公債と鉄道公債を購入したこともあります。半年後に売ったところ、鉄道公債は相場が上がっていて、今でいえば二百万ほど利益が出ました。これは後に、彼が日本で証券取引所の開設に尽力する原点にもなりました。

また使節団がベルギーを訪問したさいのことを、彼はこう述懐しています。


ベルギー皇帝がわれわれと謁見されたとき、皇帝みずから案内され、何かとご下問もあった。

「わが国に来て、何を見たか」

とおっしゃるので、

「リエージュの製鉄所を見た」

と申上げたところ、皇帝は、

「鉄の産出の多いのと、その使用量の多い国は、富みかつ強いのである」

と申され、

「貴国は鉄が少ないようだが、わが国の鉄を使うように」

とおっしゃられた。

われわれは「武士が金のことなどを言うのは卑しい」と教えられていたのに、皇帝が国産の貿易にまで直接心を用いられるのはどうしてだろう、と不思議な思いにたえられなかった。[8]

このベルギー皇帝からの働きかけが意味するのは、国力や近代化の基盤とは、第一に経済力や工業力だということ。もちろん当時は軍事力も重要でしたが、財政的な支えがなければ戦争すらできませんでした。だからこそ、皇帝が先頭に立って経済振興に力を入れていたわけです。

まず経済ありき——今では当たり前の話ですが、基本的にお金や商売と積極的にかかわろうとしなかった当時の武士たちには、欠けがちな視点でした。

彼はもう一つパリで重要な経験をしています。

パリで栄一たちのお世話をしてくれていたのが、フリュリ＝エラールという銀行家でした。おそらく、栄一は、彼から金融や実業の基本を学んだと推測されています。

あるときフリュリ＝エラールが、やはりフランス政府が派遣した陸軍大佐のモッシェ・ヴィレットという付き人と会話しているのを栄一は目にします。日本でいえば、越後屋と代官が会話しているようなもの。以下も栄一の回想からの抜粋ですが——


　ヴィレットとフリュリ＝エラールとでは、一方はコロネルでお役人様、一方は銀行家で町人。このような二人が一緒になると、日本の例でいえば町人は必ずお役人様の命令に唯々《いい》諾々《だくだく》と従うことになる。しかしこの二人の接する様子を実際に見てみると——わたしもいくらかフランス語がわかるようになったので、側で聞いてみると——ほとんど上下の区別がない。一方が、

「こうなさる方が利益になるでしょう」

といえば、

「そうですか、それじゃそうしましょう」

というような塩梅《あんばい》に、その二人の間に少しも尊卑や上下の区別がないありさまを見て、わたしは深く感じたのです。なるほどこうでなくてはならない。


　国民全体が平等で、役人だから威張るということがない。これが本当であるべきであるのに、日本の従来の様子ではそうではない。日本のこのありさまは改善しなければならない。この風習だけは日本に移したいものであると深く感じたのです。[9]

栄一は、実業を発展させ、日本の近代化を成功させるためには、「商売は賤しい」という意識を払拭して、商人たちの地位を向上させなければならないことに気づくのです。

このように栄一にとっても、明治日本にとっても、学びの多い渡欧でしたが、ある事件をきっかけに突然打ち切られます。

帰国と「商法会所」の設立

栄一は、パリで経理や庶務といった職務以外にも、人間関係の問題解決を図るなど、実質的な中心人物として使節団にかかわっていきました。ところがそんな最中、慶応三（一八六七）年十月に徳川慶喜が大政奉還《たいせいほうかん》を行い、翌年には明治新政府が誕生します。

徳川幕府からの使節団でしたので、当然、帰国命令が下ります。栄一はせっかくフランスまで来たのだから、若い昭武（当時十五歳）に知識やスキルをつけさせてから帰国させたいと、滞在延長を画策しました。しかしそれもかなわず、わずか二年足らずで帰国することになりました。

栄一は後に、みずからの前半生を振り返って次のように述べています。

「わたしは、最初は尊王討幕（天皇を奉じて徳川幕府を討つ）や攘夷鎖港《さこう》（外国を打ち払い鎖国する）を論じて、東西を走り回っていた。しかし、後には一橋家の家来となって幕府の臣下に加わり、その後に民部公子・徳川昭武に随行してフランスに渡航したのである。ところが日本に帰ってみれば幕府はすでに亡びて、世は王政に変わっていた。

　この間の変化にさいして、もしかしたら自分には知恵や能力の足りないこともあったかもしれない。しかし勉強の点については、自己の力一杯にやったつもりで不足はなかったと思う。それなのに、社会の移り変わりや政治体制の刷新《さっしん》に直面すると、これをどうすることもできず、わたしは何とも逆境の人となってしまったのである」[10]

　筆者はたまに、『論語と算盤』を読んだ人から「どうせ成功者だから言えることでしょ」という感想を聞くことがあります。確かに彼は結果的に成功者になりましたが、人生自体は決して順風満帆ではなく、逆境続きでした。また当時、「商売は賤しい」という価値観が強いなかで――今では想像しにくいですが――リスクをとって実業界に飛び込み、その評価を逆転していったのも彼でした。今風にいえば、彼は偉大なるリスクテイカーだったのです。この点は、彼の言葉を解釈する上で、ぜひ押さえておくべき点でしょう。

　さて、彼は帰国後に家族と再会を果たすと、静岡で謹慎していた主君・慶喜を訪ねました。

主君を前にして、幕府の今までの失策に対する愚痴を思わずもらす栄一に対し、慶喜はとても穏やかな声で、

「篤太夫、今日は民部の話を聞くつもりでお前に会った。愚痴を聴くためではない。そんな話はよして、民部の話を聴こう」

といい、栄一も落ち着きを取りもどして、フランスでの昭武の様子を詳しく説明しました。この後、栄一は敬愛する主君の悲しい姿を見て、「あれくらい勇気のくじけたことは、私の身体に二度とない」と感じ、いっそ坊主になってやろうとか、慶喜のお膝元で農業でもして暮らそうと考えたりもしました。

しかし、ここで終わらないのが栄一なのです。

当時、明治政府は手元資金が不足し、財政が逼迫《ひっぱく》していました。そこで、およそ五千万両あまりの紙幣（太政官札《だじょうかんさつ》）を刷って、軍事費などに充てたのです。ところが、明治政府にはまだ人々からの信用がなく、その紙幣は民間であまり流通していません。

そこで、紙幣の流通を全国に無理矢理広げるため、諸藩（廃藩置県前でまだ藩が存在していた）の石高《こくだか》に応じて新紙幣を貸し付けました。これを「石高拝借《はいしゃく》」といいます。ちなみ

に静岡藩への割り当ては五十三万両でした。

　これはいわば新紙幣を使った借金の強制であり、いずれは利子をつけて返す必要が出てきます。しかし、藩の財政は厳しく、日々の出費に使ってしまいそうな勢いでした。

　栄一は、この資金を元手にして、産業を育成できないかと考えたのです。つまり、地元静岡の商人たちにも資金を出してもらって、合算してファンドを作り、銀行および商社の役割を持たせようと計画しました。

　この提案は静岡藩から認められ、商人十二名とともに「商法会所（後に常平倉《じょうへいそう》と改名）」という組織を作り、栄一はその運営の責任者となりました。この「商法会所」は日本で最も早い会社組織の一つだといわれています。

　栄一は着々と「商法会所」の基盤を固め、行く行くはこれを全国に広めていきたいと考えていたのですが、再び思わぬ運命の変転が彼を襲います。

八百万の神の一柱として

「商法会所」を作ってから一年も経たない明治二（一八六九）年十月、明治政府から彼に、東京に出頭するよう通達がきました。

栄一は渋りましたが許されず、東京の太政官に出向いてみると、いきなり「民部省《みんぶしょう》租税《そぜい》正《のかみ》（今でいえば財務省《ざいむしょう》主税《しゅぜい》局長）」という職を命じられます。ちなみにこの民部省は、大蔵省と分離・合併を繰り返し、最終的に廃止されるので、以後は名称を大蔵省に便宜上統一して使います。

大蔵省に知り合いもなく、事情のわからない栄一は、大蔵省に出仕しつつ、誰が実力者かを探りました。

ちなみに栄一を大蔵省に推薦したのは、直接には面識のなかった大蔵卿の伊達《だて》宗城《むねなり》と郷《ごう》純造《じゅんぞう》という人物でした。栄一はフランスから帰国後、その渡欧中の費用にかんして、使った分はすべて明細をつけた上で、残額をすべて返還したのです。こうした彼の会計や実務能力の高さ、そして一銭も自分のものにしなかった高潔さの評判を間接的に聞いた上での推挙だったようです。

そして後日、栄一は人を頼って大蔵省の高官であった大隈重信《おおくましげのぶ》を訪ねます。

大隈邸にて、「静岡にやりかけの事業があるため、大蔵省には勤められない」旨、述べました。大隈は黙って栄一のいうことをしばらく聞いていましたが、栄一の言葉が終わると同時に、突然、

「八百万《やおよろず》の神たち、神計《かみはか》りに計《はか》りたまえ（神道の祭祀に用いられる大祓詞《おおはらいのことば》の一節）、という文句を知っているか」

と言い始めたのです。知っていると答える栄一に、こんな説得をします。

「われわれがこれからやろうという仕事は、日本という一国を料理する極めて大きな仕事である。どうか君もせっかく八百万の神たちの一柱《ひとはしら》として迎えられたのだから、この大きな仕事のためにぜひ骨を折ってもらいたい」[11]

大隈は人たらしの名人といわれていますが、彼の胸を打つ説得に、いまさら辞退できないと感じた栄一は、結局、大蔵省入りを承諾しました。

この後、彼はもう一度大隈のもとを訪ね、

「せっかく新政府ができたのに、みな日常業務に追われていて近代国家建設に本来何が必要で、何をやらなければならないのか、まったく考えていない。そのための部署を新設したらどうか」

と提案、これが採用されて大蔵省に「改正掛」という部署が設けられました。改正掛とは、既存の部署を横断して新しい国作りのために必要な政策を調査、提言するいわば特命チームです。

栄一はこの改正掛の実質上の責任者となりました。メンバーは既存の部署との兼任者たちの他に、必要に応じた人材が、静岡藩などから呼ばれました。

この改正掛は、大蔵省の権限が強くなることを恐れた他省からの横やりもあって、二年足らずで廃止されました。しかし、そこで打ち出された政策の数々はまさしく近代日本の基盤作りそのものだったのです。列挙していくと――

・度量衡の統一（各地でバラバラだった度量衡を、原器を作って統一）
・貨幣制度の統一（それまで金、銀、銅、藩札などが混在していたのを円銭厘に統一）
・近代的郵便制度の確立
・租税制度の改正
・廃藩置県にまつわる諸制度の改定
・鉄道の敷設
・近代的銀行制度の立ち上げ
・太陰暦から太陽暦への変更
・株式会社普及のためのマニュアル（「立会略則《りゅうかいりゃくそく》」「会社弁《かいしゃべん》」）発行

栄一の業績として、あまり注目されることがありませんが、国家としての近代日本のインフラ作りを大蔵省という現場で主導したのも彼だったのです。

これらを二年足らずのうちに政策提言していったわけですから、栄一の忙しさは尋常ではありませんでした。何とか時間を捻出しようと、彼は人の話を聞きつつ、同時に目では別の文章を読んで理解するという訓練もしたそうです。しかし、話をしている人から失礼だといわれて、以後はやらなくなりましたが……

栄一は、こうした功績を上げてトントン拍子で昇進していきますが、しかし当時の明治政府は、薩長《さっちょう》土肥《どひ》による藩閥《はんばつ》政治が行われていて、栄一のような旧幕臣にとってはあまり居心地がよくありません。何かあれば、実業界に出たいという気持ちが彼のなかで強くなっていきます。

大久保利通との対立

さらに彼の気持ちを後押ししたのが、明治四（一八七一）年に大蔵卿が大久保利通に変わったことでした。どちらかといえば陰性なタイプの大久保と、陽性の栄一とでは、そもそもソリが合わなかったうえ、財政政策まで対立してしまったのです。

大久保は、「富国強兵」路線を進めるために必要なお金は出せるだけ出していくという積極財政を取るべきだと考えていました。逆に栄一やその上司であった井上馨《いのうえかおる》は、財政は歳入と歳出のバランスを取らないと破綻してしまうと考えていました。方向性が真逆だったのです。

大久保といえば、西郷、木戸とならぶ維新三傑の一人。強い権力を持つ彼に抗って仕事を続けるのは、栄一にとっても精神的に厳しかったようです。

この大久保以外にも、司法卿だった江藤新平《えとうしんぺい》など、財政の管理という大きな権限を持っていた大蔵省に対して反発する実力者は少なくなく、短気だった上司の井上もよく他省との衝突を繰り返していました。

この問題の根本的な解決法の一つは、実業界を発展させ、人々を豊かにすることで税収を上げて、全体のパイを広げていくことなのですが、大久保が進めた政府による「殖産興業」は金食い虫なだけで、官営としてはほぼ失敗に終わったのです。

政治という狭い世界にとらわれた武家出身者たちでは、広い視野に立った問題解決は難しかったのかもしれません。

こうした要因が重なり、渋沢は、明治六（一八七三）年、井上とともに大蔵省を退官し、民間へと足を踏み入れました。

わたしは『論語』で一生を貫いてみせる

大蔵省を退官するさい、彼は同僚だった玉乃世履《たまのせいり》（名は「よふみ」とも　後の初代大審院長）から、こんな忠告を受けています。

「君も遠からず長官になれる、大臣になれる、お互い官職にあって国家のために尽くす身だ。それなのに、賤しむべき金銭に目がくらんで、官職を去って商人になるとは実に呆れる。今まで君をそういう人間だとは思わなかった」

先述したように、当時は江戸時代以来の賤商《せんしょう》観――商売に携わる者は賤しいという見方――が社会に残り続けていました。これに対して栄一は、こう反論します。

「わたしは『論語』で一生を貫いてみせる。金銭を取り扱うことが、なぜ賤しいのだ。君のように金銭を賤しんでいては、国家は立ち行かない。民間より官の方が貴いとか、爵位が高いといったことは、実はそんなに尊いことではない。人間が勤めるべき尊い仕事は至るところにある。官だけが尊いわけではない」[12]

今われわれは、実業界の人間がオピニオンリーダーであることに何の違和感もおぼえませんが、それは栄一が実業界に飛び込み、苦心惨憺その地位を引き上げてくれたおかげでもあるのです。

ちなみに、栄一の返答の冒頭に、

「『論語』で一生を貫いてみせる」

旨の言葉が出てきます。確かに彼は、『論語』に記された道徳をもとにして、以後、実業にかかわっていきました。ところが資料を見る限り、この後三十年ほど彼は『論語』にかんしての言及を公にはほとんどしていません。『論語』のような道徳が実業に必要なことを、一般には説くことがなかったのです。

彼が商業道徳の必要性を一般に向けて説くようになったのは明治三十五（一九〇二）年、六十二歳以降のこと。「論語と算盤」という言葉を使い始めたのは六十九歳以降のことなのです。この経緯については、第四章以降で詳しくご紹介します。

第二章 社会と経済をともに育む

渋沢栄一の生涯②

紙こそ文明の基

第二章では、大蔵省退官後の渋沢栄一を、「実業界」「社会事業」そして晩年の「民間外交」における活躍の三点に焦点を当てつつご紹介します。

彼は一般には「実業家」と総称されていますが、かかわった数と年月の長さは「社会事業」の方がまさり、さらに、彼がノーベル平和賞候補となった理由は「民間外交」の努力によるものでした。実業を含めた、彼の活動を総体として俯瞰《ふかん》することで、彼の志や「論語と算盤」の意味がより鮮明に浮かび上がってもきます。

まずは実業界。

栄一が大蔵省を退官する少し前のことですが、当時の大商人だった三井《みつい》組と小野《おの》組がそれぞれ、近代的な銀行を作りたいと名乗りを上げました。

改正掛が提言した「近代的銀行制度の立ち上げ」の具体化である「国立銀行条例」の制定を受けてのものであり、明治政府は、両者の合弁という形で日本最初の近代的銀行の立ち上げを調整していました。

ところが、その政府側の中心人物であった栄一が、突然、大蔵省から退官します。実はこのとき、三井組と小野組の間で激しい主導権争いが演じられていました。銀行トップの地位をどちらが取っても収まりがつきそうにないということで、お鉢が回ってきたのが栄一でした。

こうして誕生した第一国立《だいいちこくりつ》銀行（「国立」というのは、国の定めた法律に則ったという意味で、実際は私立）の責任者を務めながら、栄一は日本の近代化に必要な企業を立ち上げ、それを育むということを繰り返していきました。

いくつかその具体例を見ていきましょう。

まずは抄紙《しょうし》会社《がいしゃ》（今の王子《おうじ》製紙）。栄一はこの会社がとても気に入っていたようで、飛鳥《あすか》山《やま》（東京都北区《きた》）にある自宅のトイレの窓から、抄紙会社の工場が見えるようになっていました。そしてトイレに行くたびに、

「今日も工場の煙突から煙が出ていて、よしよし」

と満足していたという話があります。「紙こそ文明の基」という思いがあり、しかも抄紙会社を近代的株式会社の模範として考えていたからでした。

明治六（一八七三）年、栄一は抄紙会社を立ち上げて工場建設のためにイギリス人の技師、それに紙の製造のためにアメリカ人の紙漉《かみすき》技師をそれぞれ雇います。

二人のうちイギリス人の技師は仕事ができたようで、予定よりも少し遅れたくらいで工

場が建つのですが、問題はアメリカ人の紙漉技師。いくら機械を動かしてもまともな紙が出てきません。栄一は、アメリカ人技師を厳しく叱責、その後にようやく機械から紙が出るようになりましたが、このとき出てきた紙は、茶色で厚手の粗悪な品質でした。この段階までですでに三年。

その数ヵ月後にようやく白い紙を漉き出して、大蔵省紙幣寮《しへいりょう》などからの注文が入るようになりますが、赤字が続きます。この間、栄一は「利益はまだ出ないのか」「配当はどうした」と騒ぐ投資家をなだめつつ、綱渡りの経営を続けます。

その後、事態を改善するために、まだ十九歳だった社員の大川平三郎《おおかわへいざぶろう》（栄一の娘婿　後に製紙王と呼ばれる）をアメリカに派遣、技術を学ばせました。そこで持ち帰った麦わらを原料とする製紙法の導入などの努力が実を結び、十年かかってようやく利益が出るようになったのです。

どんな困難でもやり遂げる

同じように、成果が出るまでに時間がかかったという意味で、抄紙会社と似た経緯をたどったのが、東京人造《とうきょうじんぞう》肥料《ひりょう》（今の日産《にっさん》化学）でした。

日本の農業の近代化には、ぜひとも人造肥料が必要だということで、高峰譲吉《たかみねじょうきち》（タカジアスターゼの発見や三共《さんきょう》製薬の創業で有名）の熱心な勧誘を受けて、栄一をはじめ益田孝《ますだたかし》（三井物産創始者）、大倉喜八郎《おおくらきはちろう》（オークラグループ創始者）、浅野総一郎《あさのそういちろう》（浅野財閥創始者）、安田《やすだ》善次郎《ぜんじろう》（安田財閥創始者）など、錚々たる財界人が集って、この会社は創業されました。

ところが当時、高い肥料を買うような農家が日本には限られていた上に、工場が火事に遭ってしまい利益が出ません。

しかも提唱者の高峰が科学研究のために、渡米したいと言い始めます。当然、栄一は止めましたが、最後には彼をアメリカに送り出しました。さらにこの後、もう一度工場で火災があり、今度は全焼。

利益が出ない上に不運続きで、多くの出資者が見放すなか、栄一だけはこの会社は日本の農業に必要だと主張、明治二十六（一八九三）年に取締役会長（今でいう社長）にみずから就任します。経営を一手に引き受けた上で、高コストの元凶である硫酸の内製化などを進める等の積極経営で、ようやく黒字転換を果たしました。

そもそもこの会社を作るきっかけになったのが、益田が高峰を栄一に紹介したことでした。その益田が、こんな述懐を残しています。

明治二十六年に火事で工場がすっかり焼けてしまった。機械は鉄だから火に遭っても手入れをすれば使うことが出来るだろうと思っていたが、鉄くらい火に遭うと仕様のないものはない。すべて駄目で、すっかり新しく買わなければならぬ。株主がやかましくて、再興はなかなか容易でなかったが、私はこの時渋沢さんには実に敬服した。渋沢さんはこういうことになると実にえらい。とうとう皆を説き付けて再興した。この時私は、なるほど、ここだなと思った。

渋沢さんという人は、何か困難なことが起ると、例の上州《じょうしゅう》気風を出してあくまでやる。それに徳望が伴うものだから、どんな困難なことでもやり遂げる。これでなくてはいけないと思った。[13]

一つ注釈を入れておきますと、栄一の出身地・血洗島村は正確には武蔵国。ただし、すぐ横の利根川を隔てた隣は上州（上野国《こうずけ》）で、実はとても関係が深く、益田もそれをわかっていて上州気風と書いたのでしょう。それはともかく、まさに「やり抜く人・渋沢栄一」の面目躍如だったのです。

ただし栄一といえども、かかわった事業のなかで、早々と挫折したものも存在します。経営学者の島田昌和《しまだまさかず》氏の数えで、創業五年以内に解散になった会社の数は、十二社あったそうです。

岩崎と福沢が反対した事業

さらに、現代では日本を代表する押しも押されもせぬ存在に育っている大企業でも、当初は周囲から反対続きのものもありました。

その一つが東京海上《とうきょうかいじょう》保険（今の東京海上日動《とうきょうかいじょうにちどう》火災保険）。栄一はある日、大隈重信邸で岩崎弥太郎、福沢諭吉と同席します。豪華なメンバーが揃ったものですが、その場で栄一は、海上輸送のための保険会社が必要であることを力説しました。以下は、彼の述懐です。

当時一般には、私がこうして海上保険を主張するのを嫌がった。たとえば福沢諭吉氏も、

「どうもあまり進み過ぎている」

と言い、岩崎弥太郎氏も非難した。かつて雉橋《きじばし》（千代田区一橋）に大隈重信侯の邸宅があったとき、何かのことで招かれた。何でも私と福沢とで将棋を指したことを覚えている。福沢はなかなか口が悪く、

「商売人にしてはわりあい強い」

と言うから、私も、

「ヘボ学者にしては強い」

と応酬した。それは余談であるが、そのとき私が海上保険のことを力説したのに対し、

「結局、渋沢は利己主義から主張するのである」

などと言われた。[14]

岩崎や福沢から「時期尚早だ」「自分の利益のためだろう」といわれ、周囲からの反応は散々でした。しかし栄一はあきらめず、出資者を探します。目をつけたのが当時の華族（もと大名など）でした。彼らをなんとか説得して出資してもらい、明治十二（一八七九）年にようやく東京海上保険会社は設立されました。以後は順調に業績を伸ばし、今でも日本

を代表する保険会社となっています。

また、現在では当たり前の存在ながら、同じように、設立に当たって反対が多かったのが証券取引所でした。

パリを訪れたさい、債券の便利さを体験した栄一は、明治五、六（一八七二、三）年から、

「外国にあるストック・エクスチェンジ（株式交換所）のようなものを、わが国にも設置した方がよい」

と主張していましたが、多くの人は、株式といっても賭博や投機と同じであって、社会に害悪であると感じていたのです。しかし栄一の粘り強い説得が功を奏して明治十一（一八七八）年に東京株式取引所が設立されました。

日糖事件と栄一引退

赤字続きや周囲の反対など、栄一は、さまざまな困難を乗り越えつつ日本の実業界を築いていきました。その全体的な構想や仕組みについては、第三章以降で詳しくご説明します。この章では具体的な事例の締めとして、彼が実業界を引退するきっかけとなったと言

われる「大日本精糖《だいにほんせいとう》事件（日糖事件）」をご紹介したいと思います。

大日本精糖（今の大日本明治精糖《だいにほんめいじせいとう》）は、現在でもバラ印の砂糖で知られる会社ですが、当時の日本を代表する巨大企業の一つでした。ところが、そこで乱脈経営が発覚します。

事件の流れはこうです。

まず明治三十九（一九〇六）年、大阪の日本精糖《にほんせいとう》と、東京の日本精製糖《にほんせいせいとう》が合併して大日本精糖が生まれました。栄一はこのとき、請われて相談役になります。そして合併後の社長に、農商務省の局長だった酒匂常明《さこうつねあき》を推薦しました。

ところが酒匂社長は、経理に明るくなく、重役たちの粉飾を見抜けません。しかも、重役たちは国会議員に対して贈賄工作まで行っていたのです。

この件が明るみに出ると、世論は沸騰します。責任をとって辞任した酒匂社長は、何と自宅でピストル自殺をとげました。現代でいえば、トヨタや日立といった会社で粉飾と贈賄が発覚、社長がピストル自殺をしてしまったという話なのです。

ここまで乱れきった会社の立て直しに誰が当たるのか。栄一が白羽の矢を立てたのが藤《ふじ》山雷太《やまらいた》という人物でした。

実は栄一と雷太は、浅からぬ因縁があったのです。

冒頭で述べたように、抄紙会社は栄一にとって大のお気に入りの会社でした。創業したとき大株主となってもらったのが三井でしたが、ある時期から、三井は抄紙会社を乗っ取ろうと画策します。

大川が明治二十三（一八九〇）年に、アメリカから新しい製紙法を持ち帰った後、新工場の建設が計画されました。栄一は、そこで三井に増資のお願いをし、そのとき取締役として送り込まれてきたのが、雷太だったのです。

当時、三井の番頭役だった中上川彦次郎《なかみがわひこじろう》は、雷太に対して「お前は抄紙会社を乗っ取るために送り込まれるのだぞ」と言い含めていました。

そして新しく採用した社員を自分の派閥に入れていき、自派の勢力を大きくした後に、栄一に退陣を迫りました。栄一はこの要求を受け入れ、現場を取り仕切っていた大川とともに会社を去ることになったのです。当時は今以上に「会社は株主や投資家のもの」という考え方が強く、乗っ取りの背後に三井の意図を読みとった栄一は従わざるを得なかったのでしょう。

最愛の会社を手放すきっかけとなった憎い敵——そう思ってもおかしくはないのですが、栄一は、そんな彼を大日本精糖の立て直し役に選んだのです。

実は雷太は、抄紙会社を乗っ取った後、現場社員が大量に辞めた抄紙会社の経営に失敗、四年後に辞任しました。その後も東京《とうきょう》市街《しがい》鉄道（いわゆるチンチン電車）の専務などを務めますが社長と対立してやはり辞任、栄一から打診を受けたときは不遇をかこっていました。

栄一からの申し出を受けた夜、彼は寝ていた自分の長男・愛一郎《あいいちろう》（後に代議士として自民党藤山派を率い、最後の井戸塀《いどべい》《＝政治のために私財を使い果たす》政治家と呼ばれる）を起こして、こう述べました。

「いま渋沢男爵（栄一）の御推薦で、自分が身を挺して大日本精糖という会社の整理をやらなければならぬことになった。実は果たしてうまく整理できるかどうか、自分でも大きな疑いをもっている。（中略）しかし永年恩顧を蒙った渋沢男爵の御推薦であり、それにこれによって日本の経済界がいかに動揺するかを考えるならば、自分はいま一身の利害を顧みる暇もなく、この仕事に従事しなければならない[15]」

この後、雷太は期待に応えて大日本精糖の立て直しに成功します。

ただし、この日糖事件にさいして栄一は、世間からかなりの批判を受けました。「世間からの信用をいいことに、多くの企業にかかわりすぎている」「日糖事件の責任を取って実業界を引退すべきだ」等々。

これらの批判に対して、彼は反論の文章を公に発表しましたが、しかし雷太が大日本精糖の社長に就任した直後、ちょうど数えで七十歳という古希《こき》を迎えたという理由で、第一銀行と東京貯蓄《とうきょうちょちく》銀行以外のポストからすべて引退しました。この二つの銀行も、数えで七十七歳、傘寿《さんじゅ》のときに完全引退したのです。

一生を貫いた社会事業への関与

続いては、栄一の社会事業への関与について。

海外の研究者が渋沢栄一記念財団を訪れたさいに驚くことの一つに、社会事業への栄一のかかわり方があります。

アメリカでは、栄一が活躍したのと同時期に、アンドリュー・カーネギーやジョン・ロックフェラーなど、慈善事業への貢献で知られる実業家が出ました。彼らは基本的に実業界で巨万の富を築き、引退してから慈善事業に乗り出しました。これは現代のビル・ゲイツも同じでしょう。

海外の研究者は、栄一も同じに違いないと思って来日するそうですが、ある事実を知ってこんな衝撃を受けるのです。

「実業と社会事業が同時並行だ」

240ページからの井上潤氏作成の表のように、栄一の社会事業への関与は、実業とまったく同時期。それどころか、実業家を引退してから、亡くなるまでずっとその関与を止めませんでした。大蔵省退官後の栄一の生涯を貫くのは、実業ではなく社会事業なのです。

こちらもいくつか具体例を見ていきましょう。

まずは社会福祉の分野から、養育院について。

話は、江戸時代の町内会費から始まります。

寛政《かんせい》の改革で有名な松平定信《まつだいらさだのぶ》は、窮民救済や災害・飢饉《ききん》対策などのために、名主などが負担した江戸町内会費からの積立を命じました。これを七分積金《しちぶつみきん》といいます。

時は移って明治。この七分積金を管理する「東京営繕《とうきょうえいぜん》会議所」という民間団体が組織されました。この責任者を明治七（一八七四）年から続けたのが栄一でした。

実は明治維新の直後、幕府瓦解によって、東京は大変な混乱状況となり、路上生活者が大勢出ました。この対策のために、大量に残っていた七分積金を使うことが決められ、結果として設立されたのが東京府養育院だったのです。ちなみに、七分積金は他にも銀座《ぎんざ》のガス灯の設置や、青山《あおやま》・谷中《やなか》などの共同墓地の造成、さらには後述する商法講習所《しょうほうこうしゅうじょ》（今の一橋大学の前身）の設立や運営にも使われました。

栄一が大蔵省を退官した翌年（一八七四）から、彼はこの養育院にかかわり、亡くなるまで院長を務めました。この間なんと六十年弱、栄一がかかわった最も長い事業でした。

養育院では、身寄りのいない子供や老人、病気で生活の手段を失った人々を収容していましたが、徐々に人数が増え、経費も膨らんでいきます。

そんななか、東京府の議員の間で養育院廃止の議論がおこるのです。栄一の述懐を見てみましょう。

> 明治十五（一八八二）年の東京府議会においては、
> 「養育院の経営を廃止した方がよい」
> という議論が起こり、この意見が

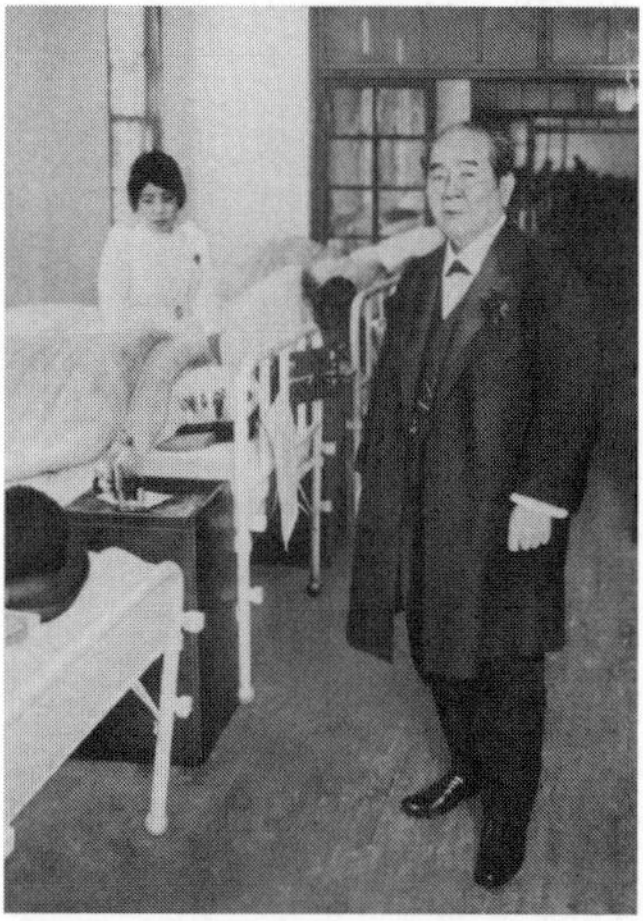

養育院板橋本院の病室にて（渋沢史料館所蔵）

とても有力になった。当時の廃止論者は府議会議長の沼間《ぬま》守一《しゅいち》、議員の益田《ますだ》克徳《かつのり》などであったが、廃止の理由はこうだった。

「このような慈善事業は、自然となまけた人間を作るようになるから、むしろ害があって利益のないものである。このような事業に多額の経費を投ずることはとてもよろしくない。ぜひ廃止してその経費をほかの有用な方面に利用すべきである」

　議員の人数は三十人ばかりであったが、府議会においてもこの廃止説にかなり傾き、ついに調査委員を設けて、実地に現場視察をすることとなった。

　私は各調査委員を歴訪して、社会政策のうえから廃止すべきではない理由を力説して、意見を翻そうとかなり努力した。また、調査委員たちも泉橋の養育院を実際に見学して、そのあわれむべき様子に同情したようで、その年だけは養育院の経費をしばらく認めることとなって、廃止は幸いにもまぬかれた。

　ところが翌十六年の府議会において、調査委員も設けずに、あっという間に廃止の決議をしてしまった。[16]

「この渋沢が親になっていく」

現代でも、生活保護は怠け者を生むばかりだ、といった批判がありますが、構図は同じでした。しかし栄一は、ひるみません。当時の東京府知事だった芳川顕正《よしかわけんせい》（司法、内務、逓信大臣を歴任。伊藤博文に英文法を教えた）を訪問して、こう切り出します。

「東京府議会は本当に無情である。この前は商法講習所の廃校を決議し、今また引き続いて養育院を廃止するというのは、あまりに残酷な処置ではないだろうか。府議会がそれほどまでに無情であるならば、万やむを得ないから今後は養育院を独立させて、経営する方針を取らなければならない」(17)

栄一は資金を捻出するため、外神田和泉町《そとかんだいずみ》にあった養育院地所を売却した代金を、そのまま存続の基金として譲り受け、本所長岡町《ほんじょながおか》（いまの墨田《すみだ》区石原《いしわら》四丁目）に、規模を縮小した形で養育院を移して、院長として運営を続けます。

彼はさらに一般から寄付金を募集し、集めた資金が生む利息を経費に当てていきました。このような栄一の努力を、心ある人々も支えようとします。「養育院慈善会」や、貴婦人有志による「養育院婦人慈善会」などの支援団体が作られ、たとえば養育院婦人慈善会では鹿鳴館《ろくめいかん》や華族会館、歌舞伎座などで毎年バザーを催し、その収益金をすべて養育院に寄付しました。この結果、基金は二十万円を超えるまでになったのです。

やがて、明治二十二（一八八九）年に「市制・町村制」が敷かれ、東京市ができると、東京市が養育院を引き取るという話になり、栄一は引き続き東京市養育院の院長を務めました。

彼が八十九歳のときに、養育院の職員へ訓示した内容をご紹介したいと思います。

> 私は長い間養育院の事業に関係しています。ここには親のない子や、身寄りのない子ばかりですが、実際私はこれらの子供を自分の子供のように思っています。「肉親の親がなくとも嘆かなくてもよい、及ばずながらこの渋沢が親になっていく」と申して、すべてに情愛を持つようにしていますし、とにかく社会事業には情愛がなければならないとも話し合ってきました。古いことを思い出して話すようですが、明治五（一八七二）年にこの養育院が創設されまして、私は明治七（一八七四）年に時の東京府知事の頼みをうけて養育院長となりました。そのとき私は三十五歳でありました。以来今日まで五十六年間常に子供に対しての感情は変わりませんし、したがってみなわが子のように思っています。[18]

こうした栄一の行動を支えたのが、『論語』にある「仁（他人への愛を広げていく）」や「忠恕《ちゅうじょ》（良心と思いやり）」といった教えでした。人としての良心を持ち、他人への愛や思いやりがあるなら、弱者切り捨てなどできるはずがない――これが彼の思いだったのです。

なお、栄一がかかわった他の主な福祉事業や医療事業としては、今の日本赤十字社《にほんせきじゅうじしゃ》や救世軍《きゅうせいぐん》、聖路加国際《せいるかこくさい》病院、東京慈恵会《とうきょうじけいかい》、済生会《さいせいかい》などが有名です。

涙の慰留演説

続いては教育の分野から、一橋大学です。

この大学は、もともと明治八（一八七五）年、森有礼《もりありのり》（後の文部大臣）が、銀座に私塾として開いた商法講習所を母体にしています。アメリカ大使として駐在したさい、彼はアメリカの資本主義の力と、それを支える人材を育むビジネススクールの必要性を実感したのです。

以後、商法講習所が一橋大学になるまでは苦難に継ぐ苦難の道のりでしたが、栄一はその重要な岐路で必ず手をさしのべました。彼がいなければ、間違いなく今の一橋大学は存在していなかったでしょう。

まず森は、開設にあたっての資金を栄一に相談、養育院と同じように七分積金が使われました。

ところが、商法講習所の開設からわずか二ヵ月後、森が駐清国全権公使《ちゅうしんこくぜんけんこうし》として北京に行かなければならなくなります。いきなり消滅の危機に見舞われますが、栄一や益田孝が手をさしのべ、七分積金の管理団体であった「東京会議所（東京営繕会議所より改名）」が引き取って運営を続けていきます。

ところが、その「東京会議所」が東京府に吸収されて解散。その後、養育院のところでも出てきましたが、議員たちの一部が、

「貿易都市でもない東京に、すべて英語で授業をするような高級な学校はいらない」

と主張、これが通ってしまい、明治十四（一八八一）年に廃校が発表されます。

これに対して栄一は、存続のために奔走し、最終的に農商務省が管轄する官立学校として残ることとなり、名称も東京商業学校《とうきょうしょうぎょうがっこう》と改められました。

やれやれという感じですが、しかし危機は続きます。

時代が進むにつれ、世間も、経済や実業を担う人材育成の重要性を認めるようになっていきました。そんななかで、次第に「この学校を大学に昇格させよう」という声が東京商業学校の教授や学生から強くなり、栄一もそれを後押しします。

ところが事態はうらはらに進みます。

当時、東京帝国《とうきょうていこく》大学には、江戸時代以来の賤商観もあり、経済学科がありませんでした。だからこそ東京商業学校のようなビジネススクールが別に作られたのですが、しかし、世間の風向きが変わったことを受けて、方針を転換。明治四十一（一九〇八）年、政府と文部省は、東京高等商業学校《とうきょうこうとうしょうぎょうがっこう》（この頃、東京商業学校より改名）を東京帝国大学に吸収して、経済学科を新設するという方針を打ち出します。

これに対して、東京高等商業学校の教授や学生は、自校の存続と大学昇格を求めて立ち上がりました。四人の教授たちが抗議の辞職をし、最終的には、学生全員が抗議の退学をすることを決議しました。これを「申酉《しんゆう》事件」といいます。

これに対して、学校の継続を願う経済人や学校ＯＢたちも支援に立ち上がりました。その一人として栄一は学生大会の壇上に立ち、演説しました。彼は、その末尾でこう述べています。

「私はむしろ君たちに同情しています。高等商業学校を大学にしたいという希望は、君たちより十年も前から、私は言ってきました。だから今日のこのような事態に陥ったことを憂えたり、悲しむということも、もしかしたら君たちの涙より、私の流す涙の方が多いかもしれない。君たちがとても極端な方向に走ってしまうのは、君たちの利益にならないし、しかも世の中のためにも少しも利益がないことだ。ここはよく考えてもらいたいと思うから、繰り返しこのことを申し上げるのです」[19]

学校の大恩人といわれる栄一の、涙の演説は生徒たちの心を打ち、彼らの過激な行動は沈静化し、総退学も撤回されました。この後栄一たちは、事件解決を学生たちに託されて、文部省と政府に対して粘り強く交渉、一ヵ月後に「今後四年間の存続」、そして三年かかって「永久存続」の決定を勝ち取るのです。

やがて大正九（一九二〇）年、はれて大学昇格がかなって、東京商科《とうきょうしょうか》大学（今の一橋大学）が誕生しました。

私たちの優しいお祖父様

もう一つ、栄一がみずからの考え方を根本から変えて、惜しみなく援助したのが日本女《にほんじょ》子《し》大学でした。彼は「渋沢の一生の寄附総額の十二%にあたるほどの多額の寄付[20]」をしたうえに、亡くなる年に校長を引き受けてもいます。

栄一のこうした活動のもとになったのが、成瀬仁蔵《なるせじんぞう》から受けた影響でした。もともと栄一は、儒教をもとにした教育を受けていたこともあり、女性は家で男性に尽くすべしといった古典的な女性観を抱いていました。それを変えたのが、日本女子大学の創始者・成瀬だったのです。

大隈から成瀬を紹介された栄一は、実際に会ったときのことを、こう述懐しています。

> 私が成瀬君とお目にかかった最初の印象は、とても珍しく「気力のある人」という感じでした。けれども、どことなく人間が練れていないような感じがして、このまま世間へ出て、果して人が相手にするのだろうかと思いました。
>
> しかし、女子教育に対する持説を聞くと、なかなかしっかりしたものでした。ただ、私はどちらかといえば漢籍で修養して来た人間であるから、どうしても、「女性と使用人はどうしようもない（女子と小人は養い難し）」といった考えを持っていました。私がたまたま成瀬君と論議すると、

「貴方までがそんなことを言われては、とても困る」

とほとんど泣きそうになりながら、訴えてきました。

成瀬君の説は、みなさんもご存じの通り「女性を国民として、人として教育する」というものでした。昔からの頭で考えると、大きな違いがありましたが、よくよく考えて見ると「なるほど」と自分でも合点が行くようになりました。孔子も、もしかしてここまでは考えが及ばなかったのかな、と少しずつ考えが成瀬君の方へ惹かれて行きました。(21)

日本女子大学校校長就任の挨拶をする栄一（渋沢史料館所蔵）

こうして栄一は古い女性観を転換、日本女子大学の創立委員、資金募集、会計監査、評議員を歴任、明治四十（一九〇七）年には「晩香寮《ばんこうりょう》」という寮を寄附、さらに昭和六（一九三一）年四月には校長に就任して、亡くなる同年十一月までその任を全うしました。日本女子大学の学生からは「私たちの優しいお祖父様」として慕われていたそうです。

なお、栄一がかかわった他の主な教育機関としては今の早稲田《わせだ》大学、二松学舎《にしょうがくしゃ》大学、東京女学館《とうきょうじょがっかん》、東京経済《とうきょうけいざい》大学などがあります。

特に早稲田大学にかんしては、大正六（一九一七）年に「早稲田騒動」といわれる学内の権力闘争が起こり、大隈の依頼を受けた栄一がリードして事態を収拾。彼がいなければ、早稲田の存続も危うかったといわれています。

関東大震災とその被害

福祉施設や大学といった社会事業への関与とは、少し違った角度から、栄一の社会貢献への強い意志が端的に示されたのが、関東大震災時の支援・復興活動でした。

大正十二（一九二三）年九月一日、巨大地震が関東地方を襲い、最終的に死者数は全体で十万人以上、倒壊や火事などによって失われた家屋は三十万戸近くにもなりました。

栄一は、このとき日本橋兜《にほんばしかぶと》町にある渋沢事務所にいました。

彼のいた事務所は、東京駅の設計などで有名な辰野金吾《たつのきんご》によるもの。頑丈さには定評のあった辰野の建築ですが、さすがの巨大地震に外壁や内装、特にシャンデリアや鏡、雨よけなどが落ち、栄一はあわやというところをお付きの者に助けられます。その後、いったん隣にあった第一銀行本店に避難、今の神保《じんぼう》町から本郷《ほんごう》、駒込《こまごめ》を抜けて王子の自宅にたどりつきました。

身内の人々は彼の年齢や余震、火災などを心配して、

「ぜひ故郷の深谷にいったん避難してください」

と勧めます。ところが当時八十三歳の栄一の答えはこうでした。

「わしのような老人は、こういう時にいささかなりと働いてこそ生きている申しわけが立つようなものだ[22]」

筆者もこういうことが口にできる年寄りになりたいと思うばかりですが、タイミングの悪いことに八月二十四日に加藤友三郎《かとうともさぶろう》首相が死去、政界は後任選びの混乱の最中でした。九月二日に山本権兵衛《やまもとごんべえ》が後任の首相に決まると、内務大臣となった後藤新平《ごとうしんぺい》が早速、栄一に使者を出して協力を求めました。

当時の後藤と栄一、二人の考えはこうでした。災害の救済はスピードが勝負、ならば、すでに組織化されているフットワークの軽い民間組織の力をうまく活かしていこう。さらに、協議していては時間が無駄になるので、ここは独断で（栄一が）責任を引き受けよう、

と。そして彼らが救援と復興の主軸としたのが、「協調会《きょうちょうかい》」と「大震災善後会《だいしんさいぜんごかい》」の二つでした。

まずは、協調会による救済事業。この協調会というのは、折から対立を深めていた労働者と資本家の融和をめざすために大正八（一九一九）年に設立されました。組織運営は、労資の合議が大前提で、栄一は副会長という立場で、実質的な責任者でした。この資本家と労働者の両者に顔の利く組織を使って、うまく救済事業を行おうと二人は考えます。

栄一はこの協調会を使って「罹災《りさい》者収容」「炊出し」「災害情報板設置」「掲示板」「収容所」「臨時病院」「罹災者慰安会」など多岐にわたる救援活動に取り組んでいきました。

もう一つ、九月九日に栄一は民間有志を集めて大震災善後会を結成します。今後、何に資金が必要になるのかを調査し、そして寄付金を集めようというのです。こちらの活動からは「孤児院や託児所の建設」「罹災外国人への支援」などが行われました。また、大蔵省退官後「政府にはかかわらない」という主義を、栄一はこのときだけは捨てて、復興のための政府委員も引き受けています。

元利支払いを怠ったことがない国

さらに震災の直後、復興のための資金を集めるべく、栄一はそれまで培ってきた海外、特にアメリカとの強いパイプを活用しました。

彼は大企業関係者、経済界、商工会議所、教会関係の重要人物に電報を打つ形で、自分の無事を知らせましたが、それは同時に、義捐金《ぎえんきん》のお願いにもなっていました。鉄鋼王ジャッジ・ゲーリーが会長を務めるニューヨーク日本協会の十万ドルを最高額として、アメリカからは十三万ドルを越える義捐金が大震災善後会に入りました。

それどころかアメリカ全体も、日本の震災の報を聞くや「日本を救え」と盛り上がったのです。

アメリカ大統領カルビン・クーリッジは、即座に日本救援の命令を出します。具体的には、アジア艦隊やフィリピン駐屯《ちゅうとん》軍を日本へ急行させること。さらに、太平洋航路を持つ船会社に一ヵ月間先までの汽船の予定をすべてキャンセルさせ、救援物資を輸送させること。そしてアメリカ赤十字への救援の呼びかけです。

そのうえで大統領は、みずから先頭にたって義捐金を呼びかけました。その結果集まった義捐金は、何と千六十万ドルに上りました。

これに加えて、モルガン商会は日本からの要請を受けて、震災復興資金として日本政府の外債三億円を引き受けてくれました。このときモルガン商会のトーマス・ラモントは、われわれ日本人にとって泣かせるような発言をしています。

「日本が信用できる国であることを証明するに足る事実を教えてやろう。日本は神武《じんむ》天皇以来、二五八四年間外債の元利支払いを怠ったことがない国だ」[23]

これがきっかけとなって、アメリカの他の銀行も、続々と日本の債権を購入したのです。

実はこうしたアメリカからの甚大な支援には、ある背景がありました。

関東大震災に先立つこと十七年前、明治三十九（一九〇六）年にサンフランシスコを大地震が襲いました。その後の火事によって市内が壊滅状態に陥ります。

この知らせを聞いた日本側は、明治天皇みずからが二十万円を寄付金として下賜《かし》、栄一ら実業家たちも外相官邸に集まって、緊急対策会議を開きました。

最初、財界人たちは義捐金を出すのを渋っていました。

「サンフランシスコは、日本人排斥運動の中心地ではないか」

「会計処理上、義捐金を出すのは難しい」

「銀行から金を出すのは誠に困る、営利事業をやっているものが社会事業に金を出すのは実に変だ」

そんな発言が続くなかで、栄一の発言が流れを変えます。

「公共事業の如き有意義なものに、事業家が充分の金をだすのは当然ではないか」[24]

そして、第一銀行から一万円の寄附を申し出ます。日本におけるCSR（企業の社会的責任）の祖、栄一の面目躍如といったところですが、こうして集まった日本からのすべての義捐金合計は二十四万六千ドルに上り、諸外国のなかでも抜きん出て巨額でした。これに対して、西海岸はもちろんアメリカ全土から最大級の謝意が示されたのです。十七年たってもアメリカ人たちは、このときのことを忘れてはいませんでした。

栄一はもちろん国内で災害があれば支援の先頭に立ち続けましたし、同様に国外の災害や飢饉、難民などに対する支援活動もとても積極的におこないました。

彼が中心となって義捐金を集めたものは、主なものだけでも先述のサンフランシスコ大地震（一九〇六）、清の飢饉（一八七八）、イタリアの震災（一九〇九）、広東《かんとん》地方水害（一九一五）、天津《てんしん》水害（一九一七）、アルメニア難民救済（一九二二）、ドイツ難民（一九二三）、フロリダ台風（一九二六）、フランス西南部水害（一九三〇）などがあります。

日本人移民排斥問題

最後に、栄一の国際的な活躍の側面を――その結末は苦いものでしたが――ご紹介したいと思います。彼は大正十五（一九二六）年と昭和二（一九二七）年の二回、ノーベル平和賞の候補になりましたが、その理由は実業界や社会事業への貢献ではなく、当時悪化していた日米関係を民間の立場から改善した努力によるものでした。

明治三十五（一九〇二）年、栄一は妻と欧米を歴訪し、はじめて訪れたアメリカのスケールと活力に圧倒されます。ヨーロッパはすでに成熟してしまい、これからはアメリカの時代であることを実感したのです。

しかも、日本とアメリカの経済交流は年々活発化していました。ニューヨーク・マンハッタンにある日本企業の支店数は、当時すでに百を超えていました。

ところが当時のアメリカは、西海岸を中心に日本人移民排斥の動きが高まっていました。明治三十九（一九〇六）年にはサンフランシスコ市で日本人学童隔離が決議されています（翌年、セオドア・ルーズヴェルト大統領の干渉により撤回）。

アメリカは実は一八九〇年代以降、深刻な不景気の続発に苦しんでいました。西部開拓による投資がそれまでのアメリカ経済を支えていたのですが、国内のパイが飽和してしまったことが主たる原因でした。明治二十六（一八九三）年からの不況では約五千の銀行、一万五千の企業が破綻しています。

同時に経済的な二極化が進み、一部の富裕層とそれ以外の貧しい人々に国内が固定化し始めていました。パイの拡大がないなかでは、新規参入が難しく優勝劣敗の傾向がひたすら強くなってしまうからです。

ところが、このような状況を知ってか知らずか、アメリカへの移民を飛躍的に増やしたのが日本でした。一八八一年から一八九〇年にかけては二千人ほどだったのが、一九〇一年から一九一〇年にかけては十万を超える日本人がアメリカの特に西海岸に押し寄せます。アメリカの、特に貧しい側に押しやられた労働者としては、

「今でも生活が苦しくなっているのに、自分たちよりも安い賃金で働く日本人が大量にやってきて、自分の仕事を奪おうとしている」

と考えるのも無理からぬこと。彼らは上昇する夢が見にくくなった上に、今の自分のわずかなポジションも奪われかねないのですから……

一方、日本の立場からすれば、これは差別問題そのもの。

アメリカにはもちろん先住民族がいましたが、合衆国建国以後、ほとんどの国民は移民

とその子供たち。なぜヨーロッパの人間はアメリカに移住できて、日本はダメなのか、これは人種差別であるというわけです。実際、日本人移民が増える以前、大勢の中国人がアメリカに渡って鉄道建設にたずさわっていました。しかしフロンティアに終わりが見えた明治十五（一八八二）年、中国人排斥法が作られたのです。この問題は、日本人だけのものではありませんでした。

この問題の根深い点は、両者ともに間違った主張をしていないこと。自分の立場でいえばあくまで正しいのです。しかし、それが故に相手とすれ違い続けてしまい、亀裂は深くなっていかざるを得ない――これは今の国際関係でもつきまとう問題でしょう。

しかも日本は、日露戦争のさいに、アメリカを味方につけようと金《かね》子《こ》堅《けん》太郎《たろう》をアメリカに派遣しました。彼はハーバード大学の同窓だった当時のセオドア・ルーズヴェルト大統領に、

「もしロシアが勝てば、満州は排他的に独占されてしまう。しかし日本が勝てば門戸開放・機会均等でアメリカも満州に参入できるようになる」

とアピール。ルーズヴェルトは、国内で失われたフロンティアを海外に広げたいと考えていたため、日本を支持しました。彼が講和を仲介してくれたおかげで、日本は有利な形で

ポーツマス条約締結に至りました。

ところが終戦後、日本の軍部は満州を独占する方向へと走りました。勝ったといっても賠償金もなく、怒りに燃えて日比谷焼き討ち事件をおこした日本の国民を、これ以上刺激できなかったという事情もありました。しかしアメリカにとっては、これは信義則違反。

栄一はこの件では、アメリカと一緒に満州を開拓すべきだと主張しますが、このため軍部から南満州鉄道株式会社の設立委員を罷免されたりもしました。

大歓迎をうけた渡米実業団

栄一はこのような背景で悪化しつつある日米関係——特に日本人移民排斥運動を解決に導こうと努力を重ねました。

明治四十二（一九〇九）年、民間の立場から日米友好を進めるための大規模な実業家の渡米団が計画されました。栄一は、数えで七十歳の高齢ながら、日米双方からの強い依頼によって渡米実業団の団長に就任。

総勢は五十一名で、栄一の他に東京商業会議所会頭の中野武営《なかのたけなか》、清水《しみず》組支配人・原林之《はらりんの》助《すけ》、「茶聖《ちゃせい》」や「茶業王《ちゃぎょうおう》」といわれた大谷嘉兵衛《おおたにかへえ》、東武《とうぶ》鉄道社長の根津嘉一郎《ねづかいちろう》などの実業

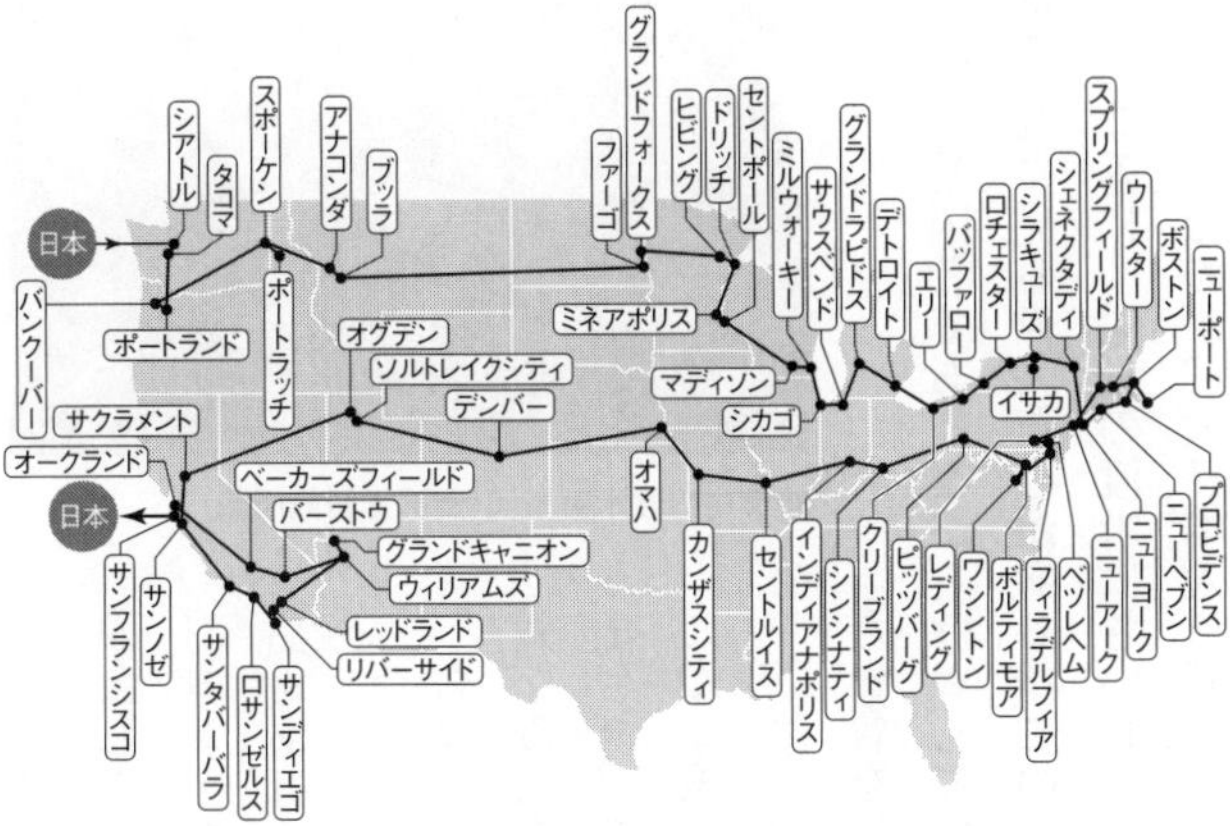

訪米行程図

家が参加しました。もし船が沈んだら、日本の経済界もそのまま沈みかねない豪華なメンバーでした。

アメリカでは専用の特別列車をしたて、昼は各地での祝賀会や視察、夜は寝ながら次の都市への移動を繰り返して、百二十日余りの間に二十五州、六十都市・地域を回るという強行軍をこなしました。この間、アメリカでの鉄道の移動距離は、なんと東京とベルリンを飛行機で往復した距離と同じでした。

この親善渡米は大成功で、各地で盛大な歓迎を受け、またアメリカのマスコミも大きく取り上げて日米の親善ムードを盛り上げました。

一行はミネアポリスで大統領のウィリア

視察中の渡米実業団（渋沢史料館所蔵）

ム・タフトと、ニューアークでは発明王トーマス・エジソンと面会しました。またクリーブランドでは人嫌いで有名な石油王ジョン・ロックフェラーがわざわざ栄一に会いに来たという逸話もあります。日米を代表する慈善家が、邂逅《かいこう》した一瞬でした。

ちなみに栄一の人柄はアメリカ人も魅了したようで、彼は偉大なる老人を意味する「グランド・オールド・マン」と呼ばれました。また、雑誌『サタデー・イヴニングポスト』の主筆がこんな絶賛を彼に贈ってもいます。

「この人のなかに私は日本国民の最善の姿、もっともすぐれた資質を見た。親切で暖かい心、世界情勢についての驚くべき感覚、愛国者でありながらけっして狭い愛国主義のわくにはまることがない……。そこにはまれに見る偉大な心がある。この人を私は限りなく尊敬する」[25]

ちなみに、栄一の渡米にさいして、常にそのサポートをし、大統領との会見などのお膳立てをしたのが、大日本人造肥料の提案者であり、アメリカで大成功して富豪となった高峰譲吉でした。彼は、会社が中途のままでアメリカに行くことを認めてくれた栄一に深く恩義を感じていたのです。

しかし、日米の実業レベルでの親善ムードが盛り上がる一方で、懸案の日本人排斥問題の方は、なかなか進展しません。

明治四十（一九〇七）年にはアメリカを不況が襲い、仕事を奪う日本人移民に対する反発が高まったのを受け、明治四十一（一九〇八）年に移民制限のための紳士協定が日米で締結されます。

続いて大正二（一九一三）年、カリフォルニア州でカリフォルニア州外国人土地法（いわゆる排日土地法）が制定され、アメリカ国籍のない日本人移民たちは土地が取得できなくなり、三年以上の賃貸契約も結べなくなりました。

いくら親善ムードが一時的に高まったとしても、根本の解決が果たされない限り、移民と排斥にまつわる溝はなかなか埋まらなかったのです。

排日移民法の成立

大正四（一九一五）年、パナマ運河開通記念博覧会の見物を名目にした三回目の渡米では、栄一はルーズヴェルト元大統領と会見。次のような会話に及びました。

話は、カリフォルニア州における日本移民問題に及んだ。

「私は現在、日米両国政府の間で協定を結んでいる紳士協約（日本人移民の制限）は、世界人類平等の考え方からすれば、国際上とても喜ばしくないことと思う」

と意見を述べた。するとルーズヴェルト氏は、これに対しては同意されなかった。氏の意見としては、

「およそ国際間においては、その風俗や習慣を異にし、その振る舞いがとても乱暴で、しかも低廉な賃金で労働に従事し、しかも少しの貯蓄ができればすぐに故国に帰ろうとする日本人は、はっきり言えばアメリカにとっては歓迎できるものではない。したがって移民制限が必要になるのも、やむを得ないことである。しかし、この移民制限は決して宗教や人種が異なることによる差別的な処置ではないから、この点は諒解されたい」

というものであり、紳士協約のやむを得ない事情の理由について説かれた。[26]

栄一は、日本人の扱いがフェアではない、差別ではないかと主張するのに対して、ルーズヴェルトは、アメリカの社会事情からいって受け入れられないと反論します。お互い一面では正しいが故、すれ違いが埋まりません。

この翌年、栄一は日米関係委員会を設立しました。井上準之助《いのうえじゅんのすけ》や新渡戸稲造《にとべいなぞう》、金子堅太郎など知米派の識者を集めて、日米相互親善と理解を進めようとしたのです。

ところが大正十三（一九二四）年、日本が反対を続けていた移民法（いわゆる排日移民法）がアメリカ議会で可決されました。これは各国からの移民の数を、アメリカに住んでいるその国の住民の2％以下にするというもの。これは日米で結んだ紳士協定の一方的な破棄を意味し、移民数の多い日本人を狙い撃ちしたものだ、と日本では受け取られました。

この知らせを聞いた栄一は、彼にしては本当に珍しいことですが、絶望といっていい状態に陥りました。彼は知らせを聞いた直後の講演会で、こんな言葉をもらしています。

「（排日移民法が）ついに国会を通過したということを聞きまして、長い間、骨を折って働いた甲斐もないとあまりにバカらしく思われ、社会がいやになるくらいになって神も仏もないのかというようなグチさえ出したくなるのであります」[27]

さらに先述した日米関係委員会のメンバーもこの報に、アメリカに裏切られたと感じ、大いに落胆しました。金子は「わが事終われり」[28]といって日米協会会長を辞任し、新渡戸は「この法律が撤回されないかぎり、断じてアメリカの土は踏まない」「ある国が他の国民の心に猜疑と憤懣《ふんまん》の種をまいておきながら、平和や国際親善をいくら口にしても空疎なことだ」[29]と批判しました。

しかし、こんな状況になっても気持ちを立て直し、粘り強く事態を打開していこうとするのが栄一でした。彼は、メンバーの不満をひととおり聞くと、彼らをなだめ、

「いまこそ不屈の意志をもって日米関係の新しい局面に対処しなければならない。移民法については今後活動の余地は少ないかもしれない。しかし委員会がやらなければならないことはたくさんある」[30]

と、再び前を向いて努力を続けようとしました。その後も、民間での親善交流などの努力を重ねますが、日米関係の悪化は止めようもなく、昭和十六（一九四一）年、日米の開戦という最悪の結果に至ってしまうのです――

君が一生の尊くおもほゆ

実業、社会事業、そして民間外交――国の内外を問わず活躍し続けた栄一でしたが、八

十八歳を過ぎた頃からさすがの彼も衰えを見せ始め、昭和六（一九三一）年には直腸ガンをわずらいます。十月に手術を受けますが、そのかいなく翌月危篤《きとく》に陥りました。最期を看取った孫の渋沢敬三《しぶさわけいぞう》に、このときのことを描いた素晴らしい一文があるので、ご紹介しましょう。

> 祖父の病床の話が出たので更にもう一つ書いてみたいことがあります。それは最後まで看《みとり》をした私にとっては、不思議な思い出です。一つは病床が最後まで明るかったことです。薬の匂いと病人の気分と、また看護人の特殊な気持から、普通病室には一種異様な空気が漂いがちでありますのに、祖父の病室には最初から最後まで、そうした呼吸《いき》苦しさをいささかも感じませんでした。また自分の錯覚と思うほど祖父その人と、病人たる祖父とが二つの別個の存在のように思われたことがしばしばでした。そして祖父のいよいよ最後が来る時には、一面非常に悲痛な感じがありましたと同時に、他面「ああ、これでよいのだ」というむしろ安らかさが湧き起りました。譬喩《ひゆ》はいささか大げさに過ぎるかもしれませんが、ちょうど太陽が西山に後光を残して沈みゆく時に感ずるような、美しい淋しさと大自然への還元というような安心さえ覚え

て、死後の冥福を祈るとか菩提を弔うとかいう感じは更になく、かえって安らかな信じきった或る物に頼りきるという感じで一杯でした。（中略）もう一つはほんの些細なことですが、臨終の脈を採りかつ後々まで傍に居た私が最後になって気が付いたことは、かなり長い間病床に横たわった祖父の体に殆ど垢がなかったことでした。一ケ月も臥せって、丸三日も高熱が続いた後、垢のないのは全く不思議な現象でした。林さんも看護婦も驚いていました。その時「徳薄垢重」という経文中の一句がふと私の頭をかすめて通ったのを今でも記憶しております。[31]

栄一の葬列を見送る人々（渋沢史料館所蔵）

こうして栄一は、十一月十一日に大往生を遂げました。享年九十一。葬儀の行われた青山斎場から谷中の寛永《かんえい》寺までの沿道には、なんと四万人を超す人々が参列しました。
実は彼の晩年は、日本では暗殺が荒れ狂った時期に当たっていました。実業家でいえば団琢磨《だんたくま》や安田善次郎が凶行に倒れました。

しかし、実業界の象徴であったはずの栄一を狙うものはいませんでした。日本社会や経済を私心なく育んできた彼に感謝する者はあれ、刃を向けられる者はいなかったのです。

短歌雑誌「アララギ」にのった次の一句はそれを象徴しています。

「資本主義を罪悪視する我なれど君が一生《ひとよ》の尊くおもほゆ」

墓地は東京上野にある谷中霊園、主君であった慶喜にほど近いところに、その墓は置かれています。

第三章　渋沢栄一の行動原理

日本のために一身を尽くす

第一章の冒頭で触れたように、渋沢栄一の生涯は、まるで相反するものの間を右往左往しているように見える部分があります。

象徴的なのが、幕府打倒を叫んでいたはずだったのに、追い詰められていたとはいえ、一橋家の家来、果ては幕臣となったこと。

さらに攘夷を叫んでいたはずだったのに、フランスに行って、見事に感化されてしまったこと。

実際、彼は尾高惇忠（学問の師であり、妻千代の兄）あてに、フランスから手紙を出したことがあります。すると郷里ではこんなことを触れ回った先輩がいたそうです。

「幕府を倒すと息まいていた栄一が、一つ橋の家来になったと思うと、今度はノメノメと幕府の家来になってしまった。いくら偉そうな口を利いても、やはり命は惜しいものと見える。ところが今度は攘夷をとなえた男が夷狄の国へ渡り、その国ぶりを有りがたがっている、どこまでシャアシャアとした男だろう」[32]

確かにそう言われても仕方のない面がありますが、栄一の行動の根底には一体何があったのでしょうか。

この謎を解く鍵が、実は高崎城襲撃計画にあるのです。

計画を実行に移そうという少し前、彼は父親に、

「自分を勘当（親子の縁を切る）して下さい」

と願い出ました。もし計画を実行すると——もちろん自分は死ぬ気でしたが——家族まで連座して処分を受けてしまうので、それを避けるためでした。

ただし、父親には計画のことは隠していましたから、

「今の乱れた世を立て直すために、家の縛りから自由になって活動したい」

と、栄一はそれとなく説得を試みます。それに対して、父親の意見はこうでした。

「お前は自分の役割をこえて、いわば望むべきではないものを望んでいるのではないか。根が農民に生まれたのだから、どこまでもその本来の役割を守って農民に満足したほうがよい。もちろん幕府の政治の間違いを論じたり、閣老なり諸侯なりの辞職について批判したりして、善悪や忠邪などを見分けるための知恵をつけるのは、もとより自己の一見識として妨げはしない。しかし身分のことについては、そんな不相応な望みをおこさなくてもよいのではないか」

これに対して、栄一はこんな返答をしているのです。

「武士の政治がここまで衰え、腐敗が進んでしまった以上は、もはやこの日本はどうなるかわかりません。もし日本の国がこのまま沈むような場合でも、『自分は農民だから少しも関係ない』といって傍観していられるのでしょうか。何事も知らなければそれまでのことかもしれません。しかしいったん知った以上は、国民の役割として決して安閑《あんかん》としていられるものではないと思われます。
もはやこの時勢になった以上は、百姓、町人、または武家の差別などないし、血洗島村の渋沢家一軒の行く末を気にしても意味がありません。私個人の決断については、なおさらのことのように思います」

この発言には、後の栄一の行動原理を理解するための大きなポイントが含まれています。

井上潤氏が指摘していることですが、栄一は以後、死ぬまでここで述べた言葉を守り続けました。言葉を換えれば、彼はこのとき、

「強く繁栄した日本を作るために、一身を尽くす」

という高い志を披露し、生涯それを貫き通したのです。

この背景にあったのが、彼の武士に対する強い憧れでした。彼は北関東の農民の生ま

れ。だからこそ、逆に一国の政治を担い、公のために尽くせる武士に憧れ、その姿を理想化し、自分もそうなりたいと熱望していました。こうした点は、主要な隊員が農民出身だった新撰組と似ています。

　これと対照的だったのが三菱《みつびし》財閥の創始者・岩崎弥太郎でした。

　彼は土佐藩で、下士と呼ばれる低い身分に生まれ、上士と呼ばれる身分の高いサムライから虐げられていました。武士や封建体制のイヤな面を味わい続けたからこそ、武士の身分などあっさり捨てて、商売に邁進《まいしん》し得たのです。公へ尽くすというよりは、私利の追求にこそ価値を見いだしました。

　明治の実業界を代表する二人は、見事に正反対のベクトルを持っていたのです。

　そして一見矛盾にしか見えない栄一の行動の意味は、この志から解釈することができます。

幅広い読書と熟議

　栄一は「幕府打倒」や「外人排斥」が目的だとは思っていませんでした。それらはあくまで、

「強く繁栄した日本を作る」ための単なる手段。ですから逆に「幕府維持」や「外人受け入れ」「近代化推進」の方が有効な手段だと思えば、柔軟にそちらに切替えることができたのです。言葉を換えれば、志が高いゆえに、「憎い幕府を打倒できれば、後はどうなってもいい」「外人さえ斬り殺せば満足」といった狭量な思い込みを排して、大局的な判断ができたのです。

　少し意外なようですが、志というのは高いほど、柔軟な行動ができるのです。行動が手段に過ぎなくなるからです。

　では、手段としての行動はどうあるべきなのか。この点に関係してくる彼の思考法が二つあります。まずは子供の頃に尾高惇忠から受けた指導法。

やはり井上氏に、次のような指摘があります。

　（渋沢は）情報を非常に多く、また幅広く集め、それを自分のなかで咀嚼し、有効に理解したうえで自分の進むべき道や指針を導きだしている。だから、意外と小さな失敗はいくつもあるが、人生の分岐点においては、「ここでこの道に進むべき」ということをけっしてみあやまらずに進み、九二年の生涯を成功に導いている。その原点を探ると、この幅広い読書法にあったのではないか。[33]

栄一が子供の頃に親しんだ物語の『三国志《さんごくし》』でいえば、主人公の劉備《りゅうび》、関羽《かんう》、張飛《ちょうひ》、そして諸葛孔明《しょかつこうめい》は漢《かん》王朝を再興して、天下を太平にするという高い志のもと、時代を駆け抜けていきます。そして戦乱の世の中では、いくら強くとも、目先の情報を信じたり、諫言《かんげん》役の発言を無視した者から滅んでいくのです。

さらにもう一つ、木村昌人氏がこんな指摘をしています。

> じっくり話し合った結果、物事を決めていくという方法は、西洋の民主主義社会だけではなく、日本でも行われていた。渋沢の青年期には、少人数の仲間内とはいえ、熟議民主主義といえるような、大きな決断を下す前に徹底した議論を行っている。[34]

確かに高崎城襲撃計画では、栄一は仲間たちと一昼夜にわたって、徹底的に話し合って、彼は最終的に自分の意見を撤回しました。

利害が対立する者同士でも、徹底的に話し合えば妥結点を見つけられるし、間違っていたら態度を変えられると、彼は考えていたのです。

実際、後年こんな話があります。彼がある会社にかかわっていたとき、不祥事が起きた後の株主総会で、肝心の社長が「自分は病気なので、社長を辞任します」とすぐに引っ込んでしまいました。そこで栄一は、みずから議長役を買って出て、大荒れに荒れた株主総会を仕切りました。数時間かけて、利害関係者の意見をすべて聞き、そして最後はお互いに納得させて議事をまとめたのです。

徹底的に話し合うことで、最終的には最善の道を選ぶことができる――これが彼の信念だったのです。ただしその分、栄一は自分のことをわかってもらおうと、とにかく話が長くなる欠点があったようですが……

もちろん、この手法にも限界はあります。これが通用しなかったのが、第二章で取り上げた日米関係の改善ではないかと筆者は考えています。

第二章で触れたように、栄一とアメリカ大統領とは、それぞれ日本とアメリカの利害を代表して移民問題について話し合いました。問題はこの「代表」という立場なのです。

個人の価値観や利害をベースとしている場合と違って、集団の代表者は安易な妥協ができません。また、意見を急激に変えることもできません。それは下手をすると所属集団を裏切る行為になりかねないからです。だからこそ妥協も、意見の撤回も非常に難しくなります。特に所属する集団が大きく、熱狂的になるほど、この傾向は強まります。この点、個人ベースの話し合いとは大幅に前提が異なるのです。

現代でも国際関係や政党政治がうまく機能しにくい理由の一つには、おそらくこんな理由もあるのでしょう。

いずれにせよ、「高い志を一生貫く」「反対意見まで含めた情報収集」「熟議」——この三点の行動原理から考えると、栄一の転身の理由も浮かび上がってくるのです。

会社へのかかわり方四パターン

さらに栄一の「高い志」の内容からは、もう一つの彼の重要な行動原理である、

「無私」

が見えてきます。彼は高崎城襲撃計画で——最終的には中止になったとはいえ——一度死んだと考えていました。幸いにも命を拾った身として、残りの人生は徹底的に「公」に尽くそうと考えたのです。

実はこの典型が、彼の会社へのかかわり方でした。この点、少し詳しくご紹介したいと

思います。

よく「渋沢栄一は、約五百の会社にかかわった」といわれますが、ではそんな多くの会社にどう関与していったのか。その実態を解き明かしたのが、島田昌和氏の『渋沢栄一の企業者活動の研究』という大著。ここからはその内容に沿いつつ、栄一の企業家活動の大枠を素描します。

まず、栄一についてのよくある勘違いの一つが、「渋沢栄一は約五百の会社を作った」というもの。さすがの彼も約五百の会社をすべて立ち上げたわけではありません。いくつかのパターンがあります。

①「設立委員」「創立委員長」といった形で最初からかかわり、その後に社長（当時は頭取や会長という名称が一般的）や取締役として経営に加わったもの。今の帝国《ていこく》ホテル、東京海上日動火災保険、王子製紙などが代表例。

②監査役や相談役、ないしは特定の地位を持たない形で、経営の指導や援助を行ったもの。今の清水建設、七十七《しちじゅうしち》銀行などが代表例。

③基本的に出資者として参加したもの。今の古河《ふるかわ》機械金属、品川リフラクトリーズなど

が代表例。

④　不振の会社の立て直しに入ったもの。今の東洋紡《とうようぼう》の前身の一つ三重紡績《みえぼうせき》が代表例。

実際には、これらがいくつか組み合わさった形で、彼は各々の企業に関与していきました。

もちろん、彼一人で多数の企業を同時に立ち上げたり、経営したりはできませんから、信頼できる仲間と役割を分かち合うことになります。

> 渋沢が多数の事業を同時に手がけていくためには、渋沢の姿勢に呼応して行動を共にし、渋沢の役割を代行してくれる出資者経営者が不可欠であった。特に事業を立ち上げる草創期にあっては出資者経営者の果たした役割はきわめて大きかったと考えられる。その役を担ったのが浅野総一郎、大倉喜八郎、益田孝・克徳兄弟、馬越恭平《まこしきょうへい》、第一銀行の西園寺公成《さいおんじきんなる》、日下義男《くさかよしお》などであった。
>
> さらに立ち上げた多数の会社を維持発展させていくためには多忙な渋沢に替わって会社の日常的な運営をチェックし、モニタリングするサポート役が必要であった。そ

の任に当ったのが植村澄三郎《うえむらちょうざぶろう》、大川平三郎、梅浦精一《うめうらせいいち》などの渋沢が抜擢し育成した若手経営者や、須藤時一郎《すどうときいちろう》、土岐僙《ときこう》などの第一銀行生え抜きの専門経営者たちであった[35]。

ここに並んでいるのは、財閥創始者（大倉喜八郎、浅野総一郎）、三井物産創始者（益田孝）、日本のビール王（馬越恭平）、製紙王（大川平三郎）などの当時を代表する財界人たち。そして彼らの多くには、一つ共通点がありました。

大倉喜八郎は明治五（一八七二）年に民間人の立場で、初の私費での欧米視察に行き、益田孝にいたっては栄一より早い文久三（一八六三）年の幕府の第二回遣欧使節団に参加しています。彼はこのとき十五歳。渡欧したいために益田進と名前を変えて、父の家来という名目で参加しました。浅野総一郎はやや遅く明治二十九（一八九六）年に渡欧。

いずれにせよ洋行経験があったからこそ、彼らは欧米で近代化の威力を実際に肌で感じていたのです。だからこそ栄一の目指す意図が理解でき、積極的に協力し続けました。

言葉を換えれば「ビジョン」を共有できる仲間たちと、栄一は近代的企業を立ち上げていったのです。

近代日本の設計者・運営者

では、そんな栄一はどのように収入を得ていたのか、といえば、ちょっと意外な一面が浮かび上がってきます。栄一は、役職に対する報酬をほとんどもらっていませんでした。彼の家計を調べると、総収入の10％ほどしか占めていません。

> 渋沢はいくつもの会社の役職に就いていたがそれらはほとんど無給であった（中略）俸給は第一国立銀行からのもののみであろう。[36]

では、どうやってそれ以外の収入を得ていたのか。たとえば彼がある会社の立ち上げにかかわると、当然、その会社の株をある程度引き受けることになります。もし経営が順調であれば株に対する配当が出ますから、それが栄一にとっての主要な収入源になりました。しかし、そうした株も時期を見て売却しました。

> 渋沢は、ある程度以上、所有している株は市場で有利な時期に売却し、新たな会社の株式の引き受けのための資金としていたのであった。[37]

栄一は今でいえばベンチャー投資家の側面を持っていました。立ち上がったばかりの会社の株を買い、上がれば売ってそれを次の企業への投資の原資にすることを繰り返したのです。

しかし近代的な会社というのは、機械の購入や工場の建設など、初期費用が莫大になります。しかも、すぐには利益が上がらない事業ばかり。

> 渋沢が役職を引き受けた会社はどの会社も莫大な初期投資と当初の需要不足によって収益をあげるまでに長い時間を要した。株主の期待する十分な配当を出せないなかで株主に対し継続的な払い込みと追加出資、社債引受といった新たな負担を求めていくために渋沢自身が、取締役会や会長職にあって経営責任を明確にすること、率先して大きな負担を引き受けることがまず必要であった。(38)

実際、彼はうまくいかない会社を支えるために、かなり私財を投げ出してもいました。

（会社の運営が困難なときの）供与は自らが借り入れを組んで調達されたこともあり、また必ずしもすべて回収できなかった実態も浮き彫りになった。それどころか回収不能な案件が実に多かった。渋沢は、出資に加えてさまざまな形の資金と信用をビジネスに供給することで不安定性・不確実性の高かった明治中期のビジネスの立ち上げを支援し、長期的な視点での安定化をはかったと言える。それは結果としてかなりの私財を提供する形での下支えであった。[39]

栄一というと、事典などでは「実業家」と総称される場合が多いのですが、実は専門家の間では「実業家と呼べるかどうかあやしい」という認識が最近では広まりつつあります。なぜなら、彼の実業での活動を見る限り、栄一は「実業家」に必要な決定的要件を欠いているからです。それは、

「お金を儲けたいという意欲」

彼は、「日本を強く繁栄した国にする」という高い志を実現するために、企業や実業界を育もうとしました。単にお金を儲けたいなら、役職からの俸給は貰って当たり前、配当の出ている株は売らずに手元に残しておくのが当然の姿でしょう。さらに後ほど詳述しま

すが、財閥を作って仲間内で人材やお金をまわすのが、もっとも稼ぎやすい方法なのです。

しかし、彼はそんな目先のことには脇目も振らずに、必要なところに資金を注ぎ込みつつ日本の近代産業育成のためにつき進んでいきました。

彼をもし総称するなら――改正掛での多大な成果、そして社会事業に対する関与も加味するなら――「近代日本の制度設計者・運営者」といった方がより正確なのです。

さらに第二章の冒頭で触れましたが、彼の人生を貫くのは実業というより、福祉や教育、医療などの社会事業でした。そしてなぜアンドリュー・カーネギーやジョン・ロックフェラーとは違って、実業と社会事業に若い頃から同時並行でかかわり続けたのか。

それは、強く繁栄した日本を築くためには、弱者救済、病院、教育、社会的利害の調整といった社会事業の整備が当然ながら必須だからです。だからこそ彼は「近代日本の制度設計者・運営者」として、かかわり続けたのです。実業で成功したら、その余力でやればいい程度のものではありませんでした。

もう一つ、「無私」という観点からは、なぜ七十歳近くまで多数の会社にかかわり続けたのか――日糖事件のさい、これがために「多くの企業にかかわり過ぎている」との批判を受けましたが――その理由が見えてきます。

栄一は当時、さまざまな企業に彼が積極的にかかわっていたというよりも、頼み込まれて断れずに地位についたり、継続していたものが少なからずありました。各企業としては、利害関係者同士がもめたり、判断が割れたとき、仲裁者や調停者として栄一は欠くべからざる存在だったのです。

なぜなら栄一であれば、「自分の利害など考えずに、大局的な見地から納得のいく裁定をしてくれる」と、みながみな思っていたからです。ですから、役員や委員の改選の時期になっても、「渋沢さんだけは外せない」という強い慰留があって、彼は多数の企業にかかわり続けました。

さらに、彼を普通の「実業家」とは呼べないもう一つの例証が、莫大な数の会社にかかわった彼が財閥を作らなかった事実に他なりません。

存在しない「渋沢財閥」

財閥とは、特定の一族が人材やお金を抱え込み、その流れをコントロールして多角化した企業群を支配するような形態をいいます。日本でも明治以来、三菱、三井、安田、住友《すみとも》などの財閥が日本経済の大きな主柱であり続けました。

もし自分だけ、一族だけの利益を考えるなら、このやり方はとても合理的です。しかし栄一は真逆の方向性を選びました。もちろん栄一がかかわった企業のなかには、渋沢系と呼ばれるものも数多く存在しています。しかし渋沢家の支配や、お金や人のコントロールを受けるわけでもなく、緩いつながりがあるだけでした。

『論語と算盤』にこんな一節があります。

> わたし渋沢は、渋沢の心をもって、自分と一緒にやっていく人物に対するのである。その人を道具にして自家の勢力を築こうとか、どうだとかという私心は毛頭持ち合わせていない。ただ、わたしの素直な気持ちとして、適材を適所に得たいと考えているのである。
>
> 適材が適所で働き、その結果として、なんらかの成績を上げることは、その人が国家社会に貢献する本当の道である。それは、わたし渋沢が国家社会に貢献する道ともなるのである。
>
> わたしはこの信念のもとに、人物を待っている。謀略に巻きこんでその人に汚点を

つけたり、秘蔵子《ひぞっこ》として自分の手元から出さないような罪な行いは、決してしない。その人が活動する天地は、自由なものでなければならない。渋沢の下にいては舞台が狭いというのなら、すぐにでも渋沢と袂《たもと》を分かち、自由自在に海原のような大舞台に乗り出して、思うさまやれるだけの働きぶりを見せてくれることを、わたしは心より願っている。[40]

なぜ栄一は、人材を囲い込もうとしなかったのか。それは繰り返しになりますが、彼の志が「日本を強く繁栄した国にする」にあったからです。優秀な人材を独占できれば、その財閥にとっては良いことかもしれませんが、日本全体を見れば大きな損失になりかねません。

　これが口先だけではないことは、第二章で紹介した藤山雷太や高峰譲吉のエピソードで明らかでしょう。敵対した人間でも適材なら使い、広い天地で活躍したければ送り出してやる、それが彼なのです。それがより広い日本のためになるからです。

　しかし、これとは真逆の原理で動いていたのが岩崎弥太郎でした。その象徴的な事例が明治十一（一八七八）年の「屋形船事件」と呼ばれる二人の会合でした。

合本か独占か

この事件は栄一が三十八歳のときの話であり、彼は後年「雨《う》夜《や》譚《たん》会《かい》談話筆記」のなかでこう回顧しています。

あるとき岩崎弥太郎氏から、

「お目にかかりたい、舟遊びの用意がしてあるから」

と言ってきた。私は増田屋に行っており、すぐには行かないでいると、たびたび使いを寄こすので、岩崎のいる柏屋へ行くと、芸者を十四、五人も呼んでいる。

二人で舟を出し、網打ちなどをしたところ、岩崎氏は、

「実は少し話したいことがあるのだが、これからの実業はどうしたらよいだろうか」

と言うので、私は、

「当然合本法でやらなければならない。今のようではいけない」

と言った。それに対して岩崎は、

「合本法は成立せぬ。もう少し専制主義で、個人でやる必要がある」

と唱え、大枠のところ、

「合本法がよい」
「いや合本法は悪い」
と論じ合い、はては結末がつかぬので、私は芸者を伴って引き上げた。[41]

栄一の述べた「合本法」とは、第五章で詳しく取り上げますが、

① 何か事業を起こすに当って、必要な人材やお金をまず集める
② 集まった人々が「熟議」によって事業を営み、成果が出たなら、その利益をみなで分かちあって人も国も豊かにしていく

というやり方をいいます。

一方、三菱財閥の創始者である岩崎は、多くの人が集まっても経営の迅速な決断ができなくなるだけなので、トップ専制でものごとを決めるべきだと考えていました。まさしくトップダウンの財閥システムが下敷きにあります。

まず二人は、根本的な会社観が正反対でした。

さらに、栄一の回顧からは省かれていますが、このときの会話には、もう一つ対立軸がありました。二人の会合に同席した益田孝がこんな述懐を述べています。

> ある時岩崎さんが渋沢さんを両国の中村楼（引用者注：柏屋のこと）へ招待して、君と僕とが握手したら天下のこと何ごとでも出来ぬことはない、握手しようじゃないかという話を持ち掛けた。しかし渋沢さんは承諾しなかった。岩崎さんはなかなか酒を飲んだが、渋沢さんはあまり飲まぬ。仕方がないから、拳を打ったりして時を移した。そしてとうとう渋沢さんは、岩崎さんが一生懸命になっている芸妓を連れてどこへか姿をくらましてしまった。これで万事打壊しである。[42]

つまり岩崎は、業界の独占こそ、高い利益のもとだと考えていました。だからこそ、岩崎と渋沢で手を握れば、利益は思うがままだと持ちかけたのです。

対する栄一は、企業や産業の健全な進歩のためには競争が必要であり、一社独占は社会にとっては害悪だと考えていました。第一章でも触れた通り、栄一には武士への憧れがありました。つまり公益の追究こそ、彼の行動のベースでした。

一方の岩崎のベースは、商売での成功でした。確かに、高い利益を出すためには独占がもっとも効率的。武士に見切りをつけて、商人として邁進した彼の合理性が出た部分ともいえるでしょう。

しかし栄一はこの考えには賛同できず、二人は平行線のままで、その場を分かれました。

さらにこの二年後、三菱が独占していた海上輸送の牙城を崩そうと、栄一は、わざわざライバル会社を作って対抗します。健全な発展のためには競争が必要だという考えからでしたが、これがきっかけで、二人は完全に袂を分かつことになりました。

幕藩体制の裏返し

栄一のこうした考え方の背景にかんして、井上潤氏が面白い指摘をしています。

渋沢が世の中の矛盾を一番感じたのは幕藩体制社会なのです。領主のところに権力が集まり、財が集まっても、領地・領民や世の中全体が潤っていることにはならない、というのが渋沢の発想なんです。我々が一生懸命汗水流して積み重ねてきたものを「御用金だ」といって搾取《さくしゅ》されて、簡単に持っていかれる。こういう話はおかしいじゃないかと。

むしろ領民に富が行き渡るような形を領主側が考えるのが、本当の良い領地支配ではないのか——私は、元々の原点はそこにあると思います。この流れからすると、渋沢栄一の考え方として、『論語と算盤』もそうですし、「合本」という考え方も、一つの事業をするに当たっては、みんなの力を寄せ集めていく。金融資本だけではなく、人の力も寄せ集める。そうすることで事業が、みんなのものになるという意識を持っています。

逆に、独占を嫌うところも、まさにここにつながります。『論語と算盤』に書かれていますが、駅の改札を通るとき、我も我もという、自分のことだけを思って、先を急がんとして通ろうとしたら、逆に通れなくなってしまう。相手に譲ることによって、整然に行き来すれば、それは通るだろう——そういう発想で渋沢は考えていました。そして、それを形にするのが自分であるという。[43]

確かに栄一は、無私の政治的な主体としての武士に憧れを抱いていました。しかし、その政治の中身というのは、江戸時代の「幕藩体制」とは真逆であり、百姓や町人など一般庶民の立場で、みなが豊かになれる方法を模索したのです。

一方の岩崎は、武士というあり方に早くから見切りをつけていましたが、しかし、その商売のやり方は、既存の封建領主と基本的には同じでした。

何から何まで合わない二人でしたが、この二人がいてくれたおかげで、日本の実業界や資本主義の厚みが生まれたのは事実なのです。

第二次世界大戦後、近代化を果たしたアジアやアフリカの国は数多くありますが、有力企業は政府系や財閥系ばかりの国も少なくありません。日本には財閥もありますが、同時に非財閥系や非政府系の素晴しい企業が数多く存在しています。それは栄一が財閥を作らなかったおかげであり、その結果として日本の実業界の多様性や重層性が形作られ、経済大国化できたという一面があるのです。

晩年、栄一は、自分の息子たちに、

「わたしがもし一身一家の富を積もうと考えたら、三井や岩崎にも負けなかったろうよ。（ここで笑いながら）これは負け惜しみではないぞ」[44]

と言っていたそうですが、これは事実でしょう。ただし財閥を作らなかったことで、渋沢家の財産は他の実業家と比べると、本当に微々たるものでした。

第二次世界大戦後にＳＣＡＰ《スキャップ》（連合国軍最高司令官総司令部、ＧＨＱ）が、いわゆる財閥解体を日本政府に命じました。

財閥が日本の軍国化の一因になったという判断からですが、このとき大蔵大臣だったのが、なんと栄一の孫である渋沢敬三でした。彼は、三菱や三井といった他の財閥を解体するのに自分の身を切らないのは申し訳ないと、実際には存在しない渋沢財閥にも解体の手を入れました。

このときの調査で、家の財産として三菱家は約三十三億円、三井家は三十億円あまりあったのが、渋沢家はたったの一千万円。しかも、それも解体してしまったので、渋沢家は以後本当にお金に困ったようです。

＊　＊

さて、ここまで栄一の行動原理を、

・強く繁栄した日本を作るという志を一生貫く
・反対意見まで含めた情報収集
・熟議

・**無私**

という四つに焦点を当てつつ、探求してきました。そして、このうち「強く繁栄した日本を作るという志を一生貫く」や「無私」の背景にあるのが、彼の武士への憧れ、もう少し踏み込んでいえば、理想的な無私の為政者への憧れでした。

もちろん彼自身は、これによって未曾有の業績を残したわけですが、他の人々、特に実業家たちにまで同じように真似をしろとはなかなか言えない面を持っています。なにせ実業家や商売人というのは、無私とは正反対の原理で動いている面があるわけですから……

だからこそ「論語と算盤」や「道徳経済合一説」といったモットーが登場するのですが、次の第四章と第五章では、こういったモットーが唱えられざるを得なかった事情を、

・彼が手本として日本に導入しようとした経済の仕組み
・彼のオリジナルな発想が入った「合本主義」という考え方

という二つの視点から考察していきます。

第四章　なぜ「論語と算盤」は唱えられたのか

ルーズヴェルト大統領との会見

第一章の最後で、渋沢栄一は大蔵省を退官するさい、同僚だった玉乃《たまの》世履《せいり》に、

「わたしは『論語』で一生を貫いてみせる」

と述べて辞任したものの、以後三十年近く『論語』に象徴される道徳の重要性について一般には話をしなかった旨、記しました。

では、なぜ『論語』や道徳を語るようになったのか。きっかけとなったのが明治三十五（一九〇二）年、妻との欧米歴訪でした。この旅行で栄一は、二度大きな衝撃を受けます。まず彼はアメリカに渡り、当時のセオドア・ルーズヴェルト大統領と会見しました。以下は、そのときの述懐です。

> 最初にルーズヴェルト氏に面会したときに、ルーズヴェルト氏はしきりに日本の軍隊と美術とについて、賞賛の言葉を与えられた。
> 「日本の兵隊は勇敢にして戦術に富み、かつ仁愛の情に深く、節度があってきわめて清廉潔白である。それは義和団事件（一九〇〇年におきた中国の内乱）のさいに、アメリカの軍隊が行動をともにしたとき、日本の軍隊が善良なのを見て敬服した」

ということであった。また、

「美術も、欧米人がどんなに羨望しても、及びのつかない一種の味わいを持っている」

と言って誉めた。私はこのときに、

「自分は銀行家であって美術家ではない。また軍人でないから軍事も知らない。ところが閣下は私に向かって、軍事と美術だけをお褒めくださったが、次回に私が閣下にお目にかかるときには、日本の商工業に対してご賞賛のお言葉があるように、不肖ながら私は国民を率いて努めるつもりである」

と答えた。これに対してルーズヴェルト氏がいうには、

「私は日本の商工業が劣っているという意味で、ほかを褒めたわけではなかった。つまり軍事と美術とが先に自分の眼についたから、日本の有力な人に向かっては、まず日本の長所を述べるのがよいと思ったのである。決して日本の商工業を軽蔑したのではない。私の言葉が悪かったのだから、悪い感じを持ってくださらないようにして欲しい」

「いや決して悪い感じは持ちません。閣下が日本の長所を褒めてくださったのはあり

がたいけれども、私は商工業が第三の日本の長所と言えるようになりたいと、しきりに苦心しているのである」

と言って、お互い胸のうちを隠すことなく談話した。[45]

実はルーズヴェルトの言葉は、栄一を大いに落胆させたのです。

栄一には、「自分は、日本の商工業を発展させて世界に伍するレベルに引き上げた」という自負がありました。ところがアメリカ大統領が言及したのは、日清戦争や義和団事件で力を発揮した軍隊と、浮世絵などに代表される美術だけ。日本の商工業の海外からの評価と地位の低さを痛感させられたのです。

ロンドンでの苦情

続いてイギリスに渡った栄一は、ロンドンで商業会議所の会員たちと意見交換をしました。このとき一人の商業会議所の会員から、こんな苦情を受けるのです。

どうも日本人は、他人に対しての約束をはなはだ守らない。いわゆる信用が堅固ではない。たとえば景気がよくて売れそうだと思うと注文品を早く引き取るが、これに反して売れそうもないと注文品をなかなか引き取らない。

日常の取引であるから、いちいち契約書を作るわけにもいかない。あらかじめ手紙のうえ、あるいは電報の引合いによって送ってやる。品物を自分に都合がよいと引き取るが、都合の悪いときはぐずぐず言って引き取らない。これはほとんど日本人の習慣といってよい。私ばかりではない、どこの商人もみな困っている。そもそも日本人は信用というものを重んじていない。これを直してくれないと、今までの取引をさらに発展させるということは難しいように思う。

次には少し言うのが憚《はばか》られるが、領収証を二重に書けといわれる。事実の領収証と、それよりもっと安価の領収証とを書かせる。その原因は税金を免れようというのである。そんな偽りはイヤだというと、取引を断るというので、仕方なくその要求に応じる人もままあるけれども、これらの行為は誠に心苦しい。このような悪弊はぜひ渋沢などの力によって矯正してもらいたいものだ。そうすれば貿易はますます繁昌する。[46]

これを聞いた栄一は、真っ青になります。話には聞いていたものの、日本の商人たちの商業道徳はこんなに退廃していたのか——そして日本に帰国後、商業道徳の必要性を説いてまわるようになったのです。

では当時、本当に日本の商業道徳はそんなに堕落していたのかといえば、残念ながらこれは紛れもない事実でした。明治十七（一八八四）年、当時の農商務省が、今の経済白書にあたる『興業意見』全三十巻を出しているのですが、その緒言にこんな記述があります。

商は規律もなく営む故、詐欺を以て商業の本旨なりと見做さるゝに至れり

（商業は規律もなく営まれているため、詐欺こそ商業の本質と見なされるようになった）[47]

さらに、明治時代の各国の商業道徳を比較したロンドン大学のジャネット・ハンター氏によると、当時の日本の位置づけはこうなってしまうのです。

一八九九年（引用者注：明治三十二年）発効の（日英通商航海）条約改正時、日本の商業道徳は「ヒンドゥー教徒やトルコ人」よりはるかに低いといわれ、アジアで最も高

い商業道徳基準を持つといわれた中国より日本は劣っているとされることが多かった。[48]

この背景にあるのが、急激な近代化や資本主義化の問題でした。日本の江戸時代のような伝統的な社会に、急激な近代化や資本主義化が入り込んでくると、お金のインパクトが強すぎて、

「拝金主義」

「稼いだもの勝ちの競争」

が蔓延しがちになるのです。これは一九九〇年代以降の中国も同じこと。前々からこうした日本商人に対する不満や苦情のあることは栄一も知っていましたが、面と向かって指摘されて事態の深刻さを思い知らされたのです。

ナポレオン三世の経済政策

彼がこのとき大きな衝撃を受けたのには、「自分が育て上げた実業界のレベルがとても低い」という事実を直接突きつけられてしまったことが当然一番にあります。たとえるな

ら大事に育ててきたはずのわが子を――悪いウワサがあることはチラホラ聞いていたにせよ――先生や友人から直接「嘘つきだ」と言われてしまったようなものでしょうか。

さらに、イギリス商人から「信用できない」と言われたことは、もう一つ深いレベルで栄一に打撃を与えました。

この点については、栄一がそもそも「日本にどのような経済の仕組みを導入しようとしたのか」、また、「彼が目指した『合本主義』という思想の理念」が関係してきます。それぞれご説明していきたいと思います。

まず、彼はそもそもどのような経済の仕組みを日本に導入しようとしたのか。これは現代日本の経済システムとも深くかかわる話なので、少し詳しくご紹介しましょう。

栄一がお手本としたのは、フランスで見聞したナポレオン三世の経済政策でした。

有名なナポレオン・ボナパルトの甥っ子に当たるナポレオン三世は、少し前までは歴史家の間でとても評価の低い人物でした。なぜなら彼は明治三（一八七〇）年にプロイセンと開戦、負けてみずから捕虜になってしまったからです。その後、仕方なくイギリスに渡ってそこで客死するという、いささか残念な晩年を送りました。

ところが近年、彼の評価は劇的に変わりました。ここにかかわってくるのが、彼の打った経済政策なのです。ナポレオン三世の第二帝政は、「経済成長を本格的に意識し、総合的な政策を持つことのできた最初の政体」と歴史上いわれています。これを「国家介入主義」といいます。

現在、われわれは政府が「経済対策」「景気対策」を打つのを当たり前だと思っています。しかし当時はまったくそうではありませんでした。彼の打った経済政策は大成功し、ナポレオン三世の治世の前半、フランスの経済成長率は、当時のヨーロッパナンバーワンであり続けたのです。

では、彼の経済政策とは何か。フランス文学者の鹿島《かしま》茂《しげる》氏の『渋沢栄一　算盤篇』にこうあります。

①土地建物などの不動産ではなく、企業の将来性に投資するベンチャー金融の設立。
②生産と消費の連結を容易にする流通網の整備としての鉄道網の完成。
③新しい産業の担い手になる企業家や技術者の養成と、それらを受け入れるための国民意識の啓蒙。[49]

これはもう少し抽象度を上げて表現すると、次のようになります。

・**おカネをまわす**――お金が必要な人や企業にお金がまわらないと、経済が成長しないので、まずお金がまわるシステムを作る

・**モノとヒトをまわす**――モノやヒトが必要なところにまわらないと経済が成長できないので、モノやヒトがまわるインフラを整備する

・**おカネとモノ、ヒトをまわせる人材を育てる**――いくらおカネやモノやヒトをまわせる仕組みを作っても、それを実際にまわせる人材がないと機能しないので、人材を育成する

筆者はあるとき、この内容を講演会で話をしたら、たまたま聞いていた渋沢史料館館長の井上潤氏から、終わった後にこう指摘されました。

「守屋さん、これは渋沢が日本で主にやったことと同じだよ」

確かに、栄一は日本でさまざまなことに手を染めましたが、特に実業関連で主要な三つ

が以下なのです。

・**金融の整備**――（銀行）第一国立銀行、日本興業《にっぽんこうぎょう》銀行、第二十国立銀行、第七十七国立銀行、（保険）東京海上保険、（証券取引）東京株式取引所……

・**インフラの整備**――（交通）日本《にっぽん》鉄道、京阪電鉄《けいはんでんてつ》、日本郵船《にっぽんゆうせん》、（エネルギー）東京《とうきょう》瓦斯《がす》、東京電燈《とうきょうでんとう》、（資材）浅野《あさの》セメント、日本煉瓦《にほんれんが》製造《せいぞう》、（情報）抄紙会社……

・**人材の育成**――東京商業学校、二松学舎、早稲田大学、東京女学館、日本女子大学校……

栄一は五百近くの会社にかかわりましたが、その多くは金融系と、広くいえばインフラ系の会社でした。だからこそ、そのうち約百八十社ほどが二〇二〇年現在でも、形を変えつつも存続しています。

このとき画期的だったのは、「情報のインフラは紙である」と栄一が見抜いたこと。彼はパリで、前日の出来事がすぐにニュースとして掲載される新聞を目にして、紙媒体の威力を知ったのです。だからこそ彼は抄紙会社（王子製紙）を設立して、長らく責任者も務めました。
さらに、こうした「経済成長」の舞台には、

「近代的株式会社」

「近代的バンク・バンカー」

という二つの強力な道具立てが必要でした。奇しくもナポレオン三世の第二帝政とほぼ同時期に、この二つがフランスに出揃ったのです。そして、特に「近代的バンク・バンカー」が栄一の「論語と算盤」の意味に大きくかかわってきます。

近代的株式会社と近代的バンク

まずは「近代的株式会社」について。
現在、われわれが「株式会社」をイメージする場合、そこには次の三つの要件が備わっています。

・**法人**――ヒトと同じ権利を持った法人組織が、事業や契約を行える
・**株式の発行**――売買可能な任意の数の株式を、投資家に対して発行

・**有限責任——投資家は会社への出資分までしか損失を被らない**

当たり前だと思われそうですが、この形の近代的な株式会社が完成したのが、十九世紀半ば、ナポレオン三世の治世とほぼ同時期のイギリスにおいてでした。

しかもそれまでは、会社の設立には国からの特別の許可が必要でしたが、一定の要件さえ満たせば自由に設立できるようになりました。つまり国からの保護を受けないかわりに、自由に設立し、商業活動できる会社が誕生したのです。この形態の会社組織は、またたくまに他のヨーロッパ諸国へと広がっていきました。

この「近代的株式会社」が、人々の「欲望」を乗せる器だとすれば、社会の「信用」を乗せるための器が、もう一つの「近代的バンク」。こちらの設立も、ほぼ同時期に始まります。

世界史的にいえば、「高利貸し」は歴史上、数多く存在しました。彼らの役割は、「お金の調達」

つまり、お金が足りずに困っている人たちに利息をつけてお金を貸すこと。世界的に、こうした高利貸しへの印象はとても悪く、イタリアでは「借金のカタに、お前の肉を切らせろ」と言ってみたり（『ベニスの商人』）、ロシアでは学生に無残に殺されたり（『罪と罰』）、日本でも時代劇で「借金のカタに、よいではないか」と若い娘に悪いことをするヒヒ爺として描かれたりと、世界中であまり良いイメージがありません。

一方、「近代的バンク・バンカー」は、似たようなことをやっているように見えて、内実はまったく違います。「近代的バンク・バンカー」の役割とは、

「信用の調達」

つまり金融機関が、一般の人々に、

「われわれを信用してお金を預けて下さい。われわれはそのお金を信用できる会社や産業に投資します。その会社や産業が信用に応えて利益を上げてくれたなら、われわれはそれを利息という形でお返しします」

と「信用」を媒介にして、お金をまわし、産業を振興していくのが「近代的バンク・バンカー」の役割なのです。

ですから、高利貸しの印象が悪いのに比べて、「銀行員」や「バンカー」と聞くと、「それはお堅いお仕事で」と印象が豹変してしまうのは、扱っているものが実は根本的に違うからなのです。

株式組織による投資銀行が最初にできたのはベルギーでしたが、一八五二年にフランスでも、ペレーレ兄弟がソシエテ・ジェネラル・ド・クレディ・モビリエを設立します。これはちょうどナポレオン三世が皇帝となった年でした。

「近代的株式会社」と「近代的バンク・バンカー」、この当時最新の二つの道具立てが揃うことで、ナポレオン三世の経済政策ははじめて実現し得たのです。

そして、彼の経済政策が花開いたパリに奇しくもやってきて、それを学んだのが栄一でした。確かに彼は「時代の児」だったのです。

信用でまわす経済

先ほど挙げた、フランス第二帝政の経済政策における三つの柱「金融の整備」「インフラの整備」「人材の育成」のうち、ナポレオン三世が最も重視していたのが、金融でした。ナポレオン三世は大統領選挙のマニフェストのなかでこう述べています。

正当にして強固な政府は、精神の中にも、また事物の中にも、秩序を確立すべきである。（中略）では、秩序を確立するとはなにか？　それは、信用というものを再びもたらすことだ。持てる手段の一時的な不足を信用貸しによって補うことだ。つまり、金融を再建することなのである。[50]

よくお金は経済の血液だと言われたりしますが、まず血管を作って、体中にお金という血を流してやろうと考えたわけです。その心臓部分——お金を動かす駆動力——に当たるのが「信用」でした。

栄一にとってもこれは完全に同じこと。日本においてまず第一国立銀行の責任者として「信用」によってお金を集め、必要な産業に投資しようとしました。「第一国立銀行株主募集布告」に、その様子が端的に示されています。

そもそも銀行は大きな川のようなものだ。役に立つことは限りない。しかしまだ銀行に集ってこないうちの金は、溝にたまっている水や、ぽたぽた垂れているシズクと

第一国立銀行（渋沢史料館所蔵）

変わりがない。時には豪商豪農の倉の中に隠れていたり、日雇い人夫やお婆さんの懐にひそんでいたりする。それでは人の役に立ち、国を富ませる働きは現わさない。水に流れる力があっても、土手や丘にさまたげられていては、少しも進むことは出来ない。ところが銀行を立てて上手にその流れ道を開くと、倉や懐にあった金がよりあつまり、大変多額の資金となるから、そのおかげで貿易も繁盛するし、産物も増えるし、工業も発達するし、学問も進歩するし、道路も改良されるし、すべての国の状態が生まれ変わったようになる。[51]

ですから、この中核を担う「信用」は栄一にとって何よりも重要でした。『論語と算盤』にも次のような文章があります。

商業道徳の核心部分であり、国家においても、世界においても直接的に大きな影響のある「信用」の威力を宣伝していかなければならない。日本の商業に携わる者すべてに、「信用こそすべてのもと。わずか一つの信用も、その力はすべてに匹敵する」ということを理解させ、経済界の基盤を固めていくことこそ、もっとも急いで取り組まなければならない事柄なのだ。[52]

ところがイギリスの商業会議所の会員から「日本人の商人は信用できない」と指摘されたのです。これを立て直さなければならない、と彼が必死になるのも宜《むべ》なるかなでしょう。

江戸時代の商業道徳はどうなったのか

しかし日本の江戸時代といえば、

・**近江《おうみ》商人の三方よし**——売り手よし、買い手よし、世間よしという商売哲学
・**石門心学《せきもんしんがく》**——石田梅岩《いしだばいがん》という儒者が広めた商業道徳
・**商家の家訓**——その多くが、信用をもとにした末永い商売の発展を説く

といった、「信用」の重要性を説いた有名な商業道徳がいくつも知られています。これらはどうなってしまったのでしょうか。

実は、こうした江戸時代の商業道徳は、やや一方的に持ち上げられ過ぎている嫌いがあるのです。経済学者・歴史学者の武田晴人《たけだはるひと》氏は次のような指摘をしています。

> 近世期に成長した商人たちには、近江・伊勢などの出身者が多かったが、彼らは、かげでは「近江泥棒、伊勢乞食」と軽蔑を込めて呼ばれたし、天下の台所を切り回す大坂《おおさか》の商人たちは「上方の贅六《ぜいろく》」と笑われたという。（中略）宮本常一氏は、元来「旅の恥はかきすて」という言葉と「商人と屏風は直《すぐ》うちゃ立たぬ」とは同一の意味を持つもので、商売に正直では商人としては立身できないことを言い表していると書いている。[53]

結局、今も昔もまったく同じですが、顧客と長い取引関係を続けていくのであれば「信用」が何より重視されるし、そのための教訓や道徳、哲学も発展していきます。

一方、観光地のぼったくり商売のように、一見《いちげん》さん相手に暴利が貪《むさぼ》れるし、悪さがバレても逃げればＯＫという環境であれば、そのように振る舞う商人が大量に出てきてしまうのです。

二つの比率がどれくらいかは、商売の性質や周囲の環境、地域や時代の特徴によって変ってきますが、栄一の目に映っていた伝統的な商売人たちは、後者でした。

ヤマト魂や武士道を誇りとするわが日本で、その商工業者が道徳の考え方に乏しいというのはとても悲しむべきことだ。しかし、その原因は何だろうと探っていくと、昔から続いてきた教育の弊害ではないかと思うのだ。（中略）

治められる側の一般民衆は、上からの命令を素直に聞いて、村や町から課せられた仕事や行事をサボらなければそれでいい、といういじけた根性に馴染んでしまった。言葉を換えると、社会の基本的な道徳など、治める側が身につければよいもの、農民は政府から与えられた田畑を耕し、商人はソロバンでもちまちまやっていれば何も問題ないという考え方が染みついてしまったのだ。国家を愛するとか、道徳を重視するといった考え方は、どこかにいってしまったのである。

「魚の干物を売っている市場にいる人間は、臭いになれてしまって、自分でいかに臭いが染み付いてしまっているのかわからない」

ということわざがある。これと同じように、昔からの悪習に数百年も染まり続け、もはや糞尿の臭いすら気にしなくなった者がいたとしよう。彼を心変わりさせ、みずから成長するように仕向けたうえ、人の踏むべき道を歩む立派な人間に見事仕立て上げるのはもちろん簡単なことではない。しかも欧米から入ってくる新しい文明は、日本の商工業者に道徳や人の踏むべき道がないのをいいことに、みなを利益追求の科学にばかり向かわせている。その結果、悪風はいよいよ助長されることになったのだ。[54]

栄一の育った血洗島村の近くには、中山道の宿場町である深谷宿があり、近江商人も活動していました。しかし栄一は彼らについてまったく言及していません。商売道徳の面で、特に目を引くような活動はしていなかったのでしょう。

近代化によって、利益追求の考え方や技術が入ってくることで、もともと道徳や公益に関心の薄い商人たちは、ますます私利ばかりになっていったと栄一は見ていました。

欧米でも、倫理の学問が盛んである。品性を磨き上げよという主張も盛んにされている。しかし、その出発点は宗教なのだ。この点、日本人の心情とは一致し難い面があった。一方で、利益を増大させ、産業を興すのに覿面《てきめん》に効果のある科学的知識、つまり利益追求の学問は最も広く歓迎され、最も大きな勢力となっていった。豊かさと地位とは「人類の性欲」とでも言うべきものだが、はじめから道徳や社会正義の考え方がない者に向かって、利益追求の学問を教えてしまえば、薪に油を注いでその性欲を煽るようなもの。結果は初めからわかっていたのだ。(55)

栄一の指摘するような道徳のなさや、自利のみ追求することの蔓延は、次の三つの点で大きな問題を含むのは明らかでした。

・継続的な商売ができないこと
・商売が広がっていかないこと
・商売人の地位が向上しないこと

だからこそ「信用」を支えるための道徳は要請されざるを得ず、「論語と算盤」を始めとするモットーが公に強調されるようになったのです。

この点について、栄一の考えをもう少し深掘りしてみましょう。

「信用できる」という評判の支え

まず、栄一の描いた「信用でまわす経済」は、いわば社会を継続的に発展させるための装置に他なりません。続けられなくては意味がないのです。

> 実業というものを、どのように考えればよいのだろう。もちろんそれは、世の中の商売や工場生産といった活動が、利潤を上げていくことに他ならない。もし商工業が、物質的な豊かさをもたらさなかったら、商工業など無意味になってしまう。
> しかし、だからといって、経済活動を行うにあたって、もしみなが、
> 「自分の利益さえ上がれば、他はどうなってもいいや」
> と考えていたらどうなるだろう。難しいことを言うようだが、もしそんな事態になれば、「利益のことなど口にする必要はない。社会のためになる道徳こそ大事なのだ」と考えていた孟子という思想家の言うように、
> 「上にいる人間も、下にいる人間もともに利益を追い求めれば、国は危うくなる」
> 「もし、みんなのためのことを考えずに、自分一人の利益ばかり考えれば、人から欲しいものを奪い取らないと満足できなくなる」

といった事態になるのである。だからこそ本当の経済活動は、社会のためになる道徳にもとづかないと、決して長く続くものではないと考えている。[56]

また、商売を広げていくためにも「信用」は不可欠なもの。この問題は、イギリスの商業会議所の会員からの苦情に明らかなように、海外との取引において端的でした。

ヨーロッパの商工業者は、互いに個人でかわした約束を尊重し、損害や利益があったとしても、一度約束した以上は、必ずこれを実行して約束を破らない。これは彼らの固い道徳心に含まれる「正義」や「廉直」といった考え方が、そのまま実践された結果なのである。

ところが日本の商工業者は、いまだに昔の慣習から抜け出せずに、ややもすれば道徳という考え方を無視して、一時の利益に走ってしまう傾向がある。これでは困るのだ。欧米人も常に日本人がこの欠点を持っていることを非難し、商取引においては日本人を完全に信用しようとはしない。これはわが国の商工業者にとって大変な損失である。[57]

「信用」――もう少し踏み込んでいえば、個人、会社、国それぞれのレベルで「信用できる」という評価や評判の支えがあってこそ、はじめて商売は拡大していくわけです。

人材育成のために

もう一つ、「商売人は信用できない」「いかがわしい」という印象がある限り、まともな人材はなかなか実業界に足を向けず、経済成長の一つのポイントである「人材育成」もままなりません。

若かりし頃、栄一が実業界に飛び込もうとして「賤しむべき金銭に目がくらんだ」と止められたのは象徴的な事例でしょう。

実業あってこそ国の近代化や発展、国民の幸福が実現できる、そう信じていた栄一にとって、実業や商売の地位や評判を引き上げることは、ぜひとも必要なことでした。

現在、ビジネスに携わる人間が賤しいとか教養に欠けるなどとは誰も思いませんし、実業界の人間がオピニオンリーダーとしてマスコミに出ることも当たり前の姿。しかし明治時代頃までの商売人像は、これとは真逆でした。栄一や三井物産を創業した益田孝に、

「商売に学問は不要である、学問を覚えればかえって害がある、という時代であった」[58]

「その頃の町人というものは学問もなし、侍とは全く人間が違っておった」[59]

といった回想がありますが、当時の商人は学問も教養もないうえに、急激な近代化の影響もあって「詐欺を商業の本質と見なす」ような人々だと、下手をすると見なされていました。

これを挽回するためにも、栄一は、晩年に「論語と算盤」「道徳経済合一説」を特に熱心に説いてまわり続ける必要があったのです。また、道徳の進歩を考えるための「帰一協会」や、労働者への修養教育を実践する「協調会」「修養団」などの活動にかかわり続け、第二章で触れたように一橋大学をお世話し続けました。

いまビジネスに携わる人間は、こうした栄一やその仲間の実業家たちの血のにじむ努力によって、ビジネスの高い地位を享受できていると言っていいでしょう。

*　*

さて、この章では栄一が手本としたフランスの経済政策のあり方から、彼が「論語と算盤」を唱えざるを得なかった背景をご説明しました。

彼は「近代日本の制度設計者・運営者」として、パリで学んだ金融や実業のシステムを導入しましたが、それらは「信用」という基盤によって継続し、拡大する仕組みをもともと持っていたのです。ところが、日本で明治以降に進められた社会の近代化や国際化は、しばしば「拝金主義」を生み、「信用」を毀損していきました。だからこそ栄一は、「信用」を育むための商業道徳を強調する必要があったのです。

次の章では、栄一のオリジナルな発想の部分を含む「合本主義」という、彼の目指したビジネスや経済のあり方から、やはり「論語と算盤」が要請されざるを得なかった背景について解説していきます。

第五章　合本主義とは何か

合本主義と資本主義

イギリスの商業会議所の会員から苦情を受けて、渋沢栄一は、二つのレベルで深い衝撃をうけました。

一つは彼が導入しようとした「信用でまわす経済」の中核にあるはずの「信用」がない、と言われてしまったこと。

そしてもう一つは、彼の目指した「合本主義」という考え方にかかわってきます。

彼は、自分が目指した経済システムを「資本主義」と呼んだことが一度もなく、「合本主義」と呼び続けました。では「合本主義」とは何か。渋沢栄一記念財団のウェブサイトにある、木村昌人氏の定義は次のようなものです。

> 公益を追求するという使命や目的を達成するのに最も適した人材と資本を集め、事業を推進させるという考え方[60]

「資本主義」との違いは何か。あまたある「資本主義」の定義には「市場」や「労働」「投資」という言葉は出てきても、「公益」は一切出てきません。一方で「合本主義」の冒頭に掲げられているのが「公益を追求するという使命や目的」なのです。

実は、この「公益」というキーワードが、彼の「論語と算盤」というモットーにも大いにかかわってきます。

そもそも「論語と算盤」において対置された「論語」と「算盤」とは、何を象徴しているのでしょうか。他のモットー「道徳経済合一説」「義利合一」「義利両全」「士魂商才」から勘案すると次のようになります。

まず「算盤」が象徴するのは、商売や経済、私利といったビジネスや経済にまつわる事象。お金にかかわる総体（経済）、利益を稼ぐ活動やその成果（利）、利益を稼ぐ才覚（商才）と三つのニュアンスが使い分けられています。

一方の「論語」は、実は象徴するものが二系統あります。

一つは「道徳経済合一説」という言葉に象徴される「道徳」。彼は、この「道徳」の核心部分にあるのが「信用」だと言い切ってもいます。

そしてもう一つが「義利合一」「義利両全」というモットーに象徴される「義」なのです。

「義」というのは「仁義礼知信」という言葉もあるように、古来、徳目の一つに数えられてきました。この意味では「道徳」の一部ではありますが、わざわざ「義」がクローズアップされるのには意味があります。

『論語』には、ちょうど義と利とが対比された一節があります。

> 孔子が言った。「行動にさいして、義を優先させるのが君子、利を優先させるのは小人である」
>
> (子曰く、「君子は義に喩《さと》り、小人は利に喩る」)[61]

「義」というのは、一般的に「正しさ」「真っ当さ」と訳されたりします。では「正しい/正しくない」の基準はどこにあるのでしょうか。対比されている「利」は自分だけの利益、つまり私利を意味します。

では、対極にある「義」の意味とは何かといえば、みなの利益、つまり公益と考えられるわけです。実際、栄一は『論語講義』という本のなかで「君子は義に喩り、小人は利に喩る」という言葉に、次のような解説をつけています。

わたしは事業にかんして、利を優先せずに義を優先している。国家に必要な事業は、利益になるかどうかは二番目の優先順位であり、義としてやるべき事業であれば起業し、その株を持ち、実際に利益を上げるようにして、その事業を経営していくべきものだと思っている。[62]

ここでは「義としてやるべき事業」がイコール「国家に必要な事業」になっています。つまり義とは——もちろん「正しさ」「真っ当さ」の意味で使っている場合もありますが——多くの場合、国家に必要なもの＝国益や公益のためのもの、といった意味で使われているのです。この点は、お隣の中国でも伝統的に「義」と「利」に対する学術的な議論があり、同じような解釈がなされています。

ですから、「論語と算盤」というモットーは、前章の話で言えば「信用を中核に持つ道徳とビジネス・経済（道徳を無視して走りやすいもの）」といった言い換えができそうですが、この章の観点から言えば「公益と私利」という、また少し違った切り口が見えてくるのです。

公益と私利の関係

しかし、ここで一つ疑問が浮かびます。栄一のいう「義」、つまり公益とはどの範囲を指しているのでしょう。業界、地域、それとも国、いっそ世界？

栄一は「公利」や「公道」など、「公」のつく言葉を使っていますが、残念ながらその範囲については語っていません。「公」や「義」という言葉を彼が使うとき、その範囲は多様な解釈ができますし、おそらく文脈によっても意味が変ってきます。

そして、実はこれは「公」という漢字そのものの意味と関係してくるのです。栄一はおそらく「公」の原義を踏まえて「公」や「義」を使っているのではないか、と筆者は推測しています。

「公」という漢字は、「ハ」と「ム」に分かれます。「ム」は腕を肘の部分で曲げている姿。この「ム」に、収穫物を意味する「禾」がつけば「私」になりますが、これは収穫物を腕でかこって、独占している姿だといわれています。つまり「私」や「ム」は、利益や収穫の独占が原義なのです。

一方の「ハ」は、背くという意味があって、二つを組み合わせた「公」は「利益や収穫の独占に背く」つまり、みなのものとする、みなの利益とするといった意味が出てきます。

　では、ここで言う「みな」とは何か。収穫物を抱え込んでいるのが個人であれば、周囲の家族が「みな」かもしれません。一方、抱え込んでいるのがどこかの家族であれば、地域社会が「みな」になるでしょう。さらに地域社会が抱え込んでいれば国、国が抱え込んでいれば世界……

　「公」と「私」の具体的な意味は、状況によって入れ子状に変わるものなのです。

　第四章で記した、イギリスの商業会議所の会員から受けた苦情も、せんじつめればこうなります。

「日本の商人は目先の儲けのために、自己都合で約束を破り、ニセの領収証を書かせる」

　確かに自分の利益ばかりで、国益や地域の利益はおろか、取引先相手のことすら考えていません。これでは一時の利益は得られても、最終的には商売の基盤を壊してしまうでしょう。

　ちなみに第四章で取り上げた「信用」と、ここでの「公益と私利」との関係は、次のように考えられます。

　まず、人や組織は、手に入れた利益の恩恵を及ぼせる範囲では「信用」を得ることができます。しかし、それ以上広い範囲から「信用」を集められるかと言えば、それは振る舞い方次第。

たとえばイギリス商人から信用できないと言われてしまった日本の商売人たちも、もしそれで高収益を上げていたら、株主や出資者たちから絶大な信頼を寄せられているかもしれません。しかし国際レベルでいえば信用できない取引先でしかないうえに、日本全体の信用まで毀損しているわけです。

道徳とビジネスの入れ子構造

栄一には「私」――自分の利益に偏る弊害を指摘した、こんな一節があります。

> 自分さえ都合がよければと思っていたら、たとえば鉄道の改札を通り抜けるにも、狭い場所で我先にとみながひしめくことになる。これでは誰も通れなくなって、困ってしまうのだ。身近な例で考えても、自分さえ良ければいいという考え方が、結局自分の利益にならないということは、この一事を見てもわかると思う。[63]

ただし、もちろん人間は欲望あってこそ行動できる生き物。自分の利益を求めることは当然の姿なのです。だからこそ「論語と算盤」――つまり公益と私利それぞれを、バランスを持って追求することが必須になります。

　自分の利益を目的に働けば、世間から怨恨を受けるようになるが、だからといって他人の利益だけを目的にして働くというのは、宗教家は別にしても、普通の人には期待する方が無理というものだ。[64]

　わたしが常に希望しているのは、

「物事を進展させたい」

「モノの豊かさを実現したい」

という欲望を、まず人は心に抱き続ける一方で、その欲望を実践に移していくために道理を持って欲しいということなのだ。その道理とは、社会の基本的な道徳をバランスよく推し進めていくことに他ならない。道理と欲望とがぴったりくっついていないと、前にも述べた、中国が衰えたような成り行きになりかねない。また、欲望がいか

に洗練されようと、道理に背いてしまえば、いつまでも、
「人から欲しいものを奪い取らないと満足できなくなる」
という不幸を招いてしまうものなのだ。[65]

「道徳とビジネス」「公益と私利」――一見して対極にあり、しかも実はお互い入れ子になっている二者のバランスをうまく扱うという原理は、栄一の行動や「論語と算盤」という思想を読み解くうえで、一つの鍵となってきます。

会社に「公益追求」の目的を持たせるために

栄一の「合本主義」には、もう一つ大きな疑問符がつく部分があります。

もともと商売というのは、自分が利益を上げたいという動機でやるもの。公益を追い求めたければ、公務員になったり、今でいえばＮＧＯやＮＰＯにでも行って社会貢献をすればいいわけです。

では、利益追求が基本のはずの会社に、どうやって「公益追求」という目的を持たせる

ことができるのか。

まず一つは、経営者や労働者たちに高い道徳を持たせて「社会貢献なくして、利益追求なし」という意識を徹底していくこと。ですから栄一は、特に経営者や富裕な人々に対して次のようなことを繰り返し説き続けました。

> いかに自分が苦労して築いた富だ、といったところで、その富が自分一人のものだと思うのは、大きな間違いなのだ。要するに、人はただ一人では何もできない存在だ。国家社会の助けがあって、はじめて自分でも利益が上げられ、安全に生きていくことができる。もし国家社会がなかったなら、誰も満足にこの世の中で生きていくことなど不可能だろう。これを思えば、富を手にすればするほど、社会から助けてもらっていることになる。
>
> だからこそ、この恩恵にお返しをするという意味で、貧しい人を救うための事業に乗り出すのは、むしろ当然の義務であろう。できる限り社会のために手助けしていかなければならないのだ。[66]

しかし、残念ながらいつの時代も、倫理観を持った素晴しい経営者が多いとはいえず、タテマエでは社会貢献といいつつ、ホンネは真逆のタイプが大勢いたりします。栄一が指摘するように、豊かさの追求という「人類の性欲」をベースにしている以上、個々人の努力に期待しても、明らかに限界があるのです。

そこで栄一は、企業やその経営者が、システムとして「公益を目的」とせざるを得ない仕組みを作ろうとしました。

前章で、ナポレオン三世にしろ栄一にしろ、銀行などの金融機関を中心にして、血液としてのお金を流そうとした、という話をしました。さらに「合本主義」に出てくる「人材と資本を集め」の「資本」には、当然、金融機関からの投資や借入金などが含まれます。

もしこのとき金融機関が、より広い国民から預貯金を集め、それを会社に投資したなら、「投資家＝ほとんどの国民」という図式が作れるはず。当時は、会社は株主や投資家のものという意識がいま以上に強い時代でした。第二章で触れましたが、だからこそ栄一は自分の大のお気に入りだった抄紙会社を、三井から乗っ取りに来た藤山雷太に、大人しく明け渡したのです。

第四章で掲げた「第一国立銀行株主募集布告」には、こんな一節がありました。

銀行に集ってこないうちの金は、溝にたまっている水や、ぽたぽた垂れているシズクと変わりがない。時には豪商豪農の倉の中に隠れていたり、日雇い人夫やお婆さんの懐にひそんでいたりする。[51]

このうち、豪商豪農のお金を集めるという部分は、よくある話です。本場ヨーロッパでも初期の会社は、貴族などの金持ちがお金を出し合って作る場合がほとんど。東京海上保険も、華族たちからの出資によって設立に至りました。

一方で、日雇い人夫やお婆さんの懐にひそむ、わずかな金までなぜ集めようとするのか。当時の日本は貧しく、そうしたお金まで集めないと実業の早期育成ができなかったのは事実でしょう。

そしてもう一つ、国民のほとんどが金融機関にお金を預け、そのお金が会社への投資や借入金にまわされるなら、銀行や会社は、より広い国民のために経営せざるを得なくなります。なぜなら「銀行や会社の所有者＝投資家や株主＝ほとんどの国民」という図式ができるからです。

銀行などの金融機関の「信用」を媒介にしたお金の流れをうまく使えば、銀行自体や、その取引会社も「ほとんどの国民」のため、つまり「公益」のために経営をせざるを得ない——そんなシステムができ上がるのです。

戦後日本経済のなかの「合本主義」

実は戦後すぐからバブル景気まで、日本はこれに近い経済システムを持っていました。

日本は戦後ある時期まで、貯蓄率がきわめて高く、金融機関はその膨大な預貯金を、会社に投資したり貸し付けたりしていました。「デッド（負債）・ガバナンス」という言葉がありますが、こうなると会社は銀行のコントロールを受けざるを得なくなります。

実際、ある会社が乱脈経営などの問題を起こすと、メインバンクが役員を送り込んで、経営を正常化するといったことが当たり前になされていました。

そうした金融システムの頂点に君臨していたのが日本興業銀行であり、政府や他金融機関と緊密な関係を結びつつ、日本の各産業に対して資金を差配していたのです。

しかし、一九八〇年代後半からのバブル景気でこれが一変します。多くの銀行や金融機関が、目先の利益を求めてモラルを失った行動に走りました。皮肉なことに、その理由の一つが、栄一が日本に導入した「近代的株式会社」だった、という指摘があります。

> 株式会社という仕組みは、長期かつリスクの大きな事業を営むためには極めて有効に機能する「有限責任法人」という法形式を取っている。出資した投資家の責任は有限、つまり出資した金額がゼロになるリスクはあっても、それがマイナスになることはない。他方、うまく行ったときには、出資者は無限にアップサイドを享受できる。
>
> （中略）
>
> 金融機関自身が、株式会社という、本来的にリスク選好型の法人形態で運営されるということは、その遺伝子の中にリスクを取るＤＮＡが組み込まれたということを意味する。（中略）成長を追い求め、競争相手に勝る収益（超過収益）を上げようとすれば、当然、何らかのリスクを取っていかざるを得ない。経済社会において金融が本来的に期待されている機能と、ビジネスとしての金融機関の使命との間に潜在的な緊張関係が生まれるのである。[67]

金融機関は、お金の流通というインフラを支える公的企業の側面を持っています。そして同時に、より高い利益を求めようとする私企業の面も持っています。前者を「論語」、後者を「算盤」的側面とすれば、「算盤」にバランスを傾けるような「有限責任」という仕組みがもともと内包されていました。

これは起業やビジネス拡大の意欲を高めるには有効な方法ですが、インフラを支える企業にとっては、「信用」を毀損する刃にもなってしまうのです。

バブル景気の頃、有名銀行の頭取が「向こう傷を恐れるな」と行員を叱咤し、利益拡大に走ったのはその端的な例に他なりません。しかしバブル崩壊後、金融は不安定化し、総額七兆円以上の公的資金が銀行などに投じられる羽目になりました。

さらに一九九〇年代以降、企業の資金調達の方法も変化しました。多くの上場企業は、銀行からの借り入れに代表される間接金融ではなく、株式市場から資金を調達する直接金融へと重点を移していきました。

こうした時代の変化によって、栄一の合本主義的な仕組みは、バブル景気が崩壊した頃からうまく機能しにくくなり、今に至るわけです。

それにしても、なぜ戦後の日本は「合本主義」のような「公益追求」の仕組みを持つことができたのでしょう。

ここにはある皮肉がかかわってきます。

目的あってこその「合本主義」

企業や個人が、「公益を追求するという使命や目的」を一番持ちやすい状況とは何でしょうか。

それは歴史的にいえば、悲しいかな戦争なのです。特に近代の総力戦では、敵に勝つという目的のために、ありとあらゆる手段が総動員されました。企業も例外ではありません。

もちろん以下は栄一の想定外の話になりますが、昭和初期、国によって戦時体制が構築されていくなかで、「合本主義」的な経済体制も強化されていったのです。

> 「経済新体制」を構想した企画院は、企業が利潤を目的とするのは企業に対する株主のコントロールによると認識した。そのため企画院は、「経済新体制確立要綱」原案（１９４０年9月13日）のなかで「企業を利潤追求を第一義とする資本の支配より離

脱せしめ」ることを強調した。[68]

そして、このときに強化された経済システムや会社のあり方が、そのまま戦後へと引き継がれていきます。

現代日本の経済システムの主要な構成要素の多くが、１９３０年代から敗戦に至るまでの戦時期に意図的に作られたものであり、それ以前のわが国の経済システムは、基本的にアングロ・サクソン型の古典的市場経済システムだった。[69]

一九三八年に「国家総動員法」が作られ、それに基づいて、配当が制限され、また株主の権利が制約されて、従業員中心の組織に作り替えられた。これによって、従業員の共同体としての企業が形成されていった。（中略）終身雇用制や年功序列賃金体系も、その原型は第一次大戦後にあったが、戦時期に賃金統制が行われたことによって、全国的な制度に拡大した。[70]

戦時中は「敵に勝つこと」が目的でしたが、戦後は「焦土となった日本を復興すること」「二度と悲劇を繰り返さず、豊かな国を作ること」が目的になりました。これらの目的遂行のための生活共同体としての会社が、戦後も続いていったのです。目的がはっきりしている分、金融機関も、集めた資金を必要な産業へ投資することが容易でした。経済成長のために必要な投資先が明確だったからです。

そう、「合本主義」的仕組みは、みなが賛同する大きな目的があるとうまく機能しやすいのです。そして皮肉なことに、その手始めが栄一の嫌っていた戦争でした。

しかし戦後、経済成長が続いて日本が豊かになると、経済面での目的が達成されてしまい、迷走が始まります。何に投資すべきかも不分明になり、価格が上がり続けるという神話のあった土地に投資が集中して地価が暴騰、バブル崩壊とともに日本は地盤沈下していきました。

われわれは今、人々を豊かに、そして幸せにするための経済システムを、時代に即した形で新たに構想すべき時期に直面しているのでしょう。特に今後も企業が経済の主役であり続けるなら、いかに企業やその経営者に対して、システムとして道徳や公益といった目的を持たせられるのかという構想が必須なのです。

「はじめに」で触れたように、だからこそ今、栄一が世界で注目を浴びてもいるわけです。

限界を持った理想

最後に、栄一はどのようにして「合本主義」を構想したのか、そしてその問題点は何かに触れたいと思います。

「合本主義」の発想の原点は、第三章で紹介した井上潤氏の指摘から考えると明らかです。

> 渋沢が世の中の矛盾を一番感じたのは幕藩体制社会なのです。領主のところに権力が集まり、財が集まっても、領地・領民や世の中全体が潤っていることにはならない、というのが彼の発想なんです。（中略）
>
> 渋沢栄一の考え方として、『論語と算盤』もそうですし、「合本」という考え方も、一つの事業をするに当たっては、みんなの力を寄せ集めていく。金融資本だけではなく、人の力も寄せ集める。そうすることで事業が、みんなのものになるという意識を

持っています。[43]

そう、領主制を逆転させるという発想が、「合本主義」のもとになっているわけです。この発想は、栄一のオリジナリティのあらわれであり、彼が単に、西欧から経済の仕組みを輸入しただけの人物ではないことがわかります。しかもそのオリジナリティから生まれた仕組みは、戦前からバブル景気の頃まで日本経済を貫いてもいました。

ただし、彼は「合本主義」を理想として唱えましたが、それに当てはまらないものを排除しようとはしませんでした。もし「合本主義」を突きつめてしまえば、「公益を目的にしない会社は認めない」となりそうですが、栄一はこう記します。

> わたしが実業界の人間となって以来、出会う人も年々その数を増している。それらの人々は、わたしの行いを見習って、おのおの得意なところで事業に励んで欲しいと思っている。そうすれば、たとえその人は自分の利益しか目的にしていなくても、その事業が正しいものである限り結果として国家や社会のためになるだろう。だからわたしは、そうした志にはなるべく共感を持ち、目的を達成させてやりたいと思ってい

る。[71]

後から振り返ってみると、「あの人は善くなかった」「あの事柄は見間違えた」という結果がないわけではない。しかし、悪人が悪いまま終わるとは限らず、善人が善いまま終わるわけでもない。悪人を悪人として憎まず、できればその人を善に導いてやりたいと考えている。だから、最初から悪人であることを知りながら世話をしてやることもあるのだ。[72]

「最初から悪人であることを知りながら世話をしてやる」というのは、かなり大胆な言及ですが、彼は実業界の厚みを作るためには、例外も少なからず必要なことを理解していました。この意味で「合本主義」は理想ですが、最初から限界を見越して構想された考え方なのです。このおかげで、日本は経済大国化したとも言えるのでしょう。

「無私の裁定者」の必要性

ただし、このやり方には、だからこそその問題もあります。

多くの人材や資本を集める——裏を返せば、利害の異なる関係者が集まるわけですから、当然、意見は対立します。このとき栄一のように柔軟に意見を変えられる人ばかりではないことは明らかでしょう。権力者や多数決によって一つに決めることはできますが、後々まで禍根を残したりします。

もしこのシステムをうまくまわしたいなら、栄一のような「無私の裁定者」「この人が言うなら、納得して従っておこう」と誰もが認める人物が必須なのです。

しかし、もしそういった人物がいなければ——実は、ここで丸山真男《まるやままさお》や中根千枝《なかねちえ》といった戦後を代表する識者が指摘する、日本の組織の「タコツボ化」や「タテ社会」といった問題点が出てきてしまうのです。

> 明治以後、近代化が進むにつれて、封建時代の伝統的なギルド、講、寄合といったものに代って、近代的な機能集団が発達しますが、そういう組織体は会社であれ、官庁であれ、教育機関であれ、産業組合であれ、程度の差はありますが、それぞれ一個の閉鎖的なタコツボになってしまう傾向がある。巨大な組織体が昔の藩のように割拠するということになるわけであります。[73]

X集団においては、内部の「意見一致」ということは、前に述べたように、速かに、そして容易に達しうるが、異なる集団間においてはタテにつながっていない限り至難の業である。

両集団を結ぶ「タテ」の線のない場合には、どちらも各々の集団の利益を最大限に主張するばかりで、その折衝において、調整の作用が全然働かず、また、各々の代表またはリーダーが、自己の集団の利益を多少譲歩して調整しようとする客観的立場に立ちにくいということは、彼らが構造的に他の成員によってつき上げられやすい、という点にもある。[74]

戦前はもちろん戦後においても、著名な経営者たちが、漢学者や中国文学者のもとで中国思想を盛んに学んでいました。これはひとえに「無私の裁定者」、「この人が言うなら、納得して従っておこう」と周囲から見なされる人格を磨くため、ということもあったのでしょう。しかし、やはりバブル景気の崩壊とともに、そういった風潮は影を潜めるようになっていきましたが……

第六章　なぜ『論語』なのか

三島毅による提唱

この章では、「論語と算盤」という対のうち「論語」の方に焦点を絞って、その意味を探っていきます。

そもそもなぜ「論語と算盤」というモットーには、経済やビジネスの対極として『論語』が置かれているのでしょう。「仏法と算盤」や「神道と算盤」といったように、他の古典や教えではダメだったのでしょうか。

たとえば西欧でいえば、社会学者マックス・ウェーバーの有名な著作が『プロテスタンティズムの倫理と資本主義の精神』、つまり対置されているのがキリスト教なのです。

まず『論語』という古典にかんして言えば、江戸時代以来、それなりの数の日本人に親しまれてきたのは事実でした。

江戸時代にも幅広く読まれた一つの例証に、『論語』の一節がそのまま落語のネタになっていることが挙げられます。それが「厩《うまや》火《か》事《じ》」という有名な教訓噺《ばなし》。

登場人物は、髪結い（今の美容師）の仕事をしているお崎という女房と、その収入に頼って昼間から酒ばかり飲んでいるダメな年下の旦那。年上女房がダメ男に貢いでいるという絵柄なのです。

あるとき、旦那の自分への愛情を疑問に思った女房が、仲人のもとに相談に行くと、その仲人は、以下の『論語』の一節を敷衍《ふえん》した知恵を授けました。

私邸の馬屋が火事になった。孔子は政務を終えて退出してくると、

「怪我人は出なかったか」

とたずねただけで、馬のことは口にしなかった。

（厩焚《や》けたり。子《し》、朝《ちょう》より退《しりぞ》く。曰く、「人を傷《そこな》えるか」。馬を問わず）[75]

つまり、旦那が大事にしている瀬戸物をわざと割って、まず瀬戸物を心配するか、妻がケガしていないかを心配するかで、愛情を測ったらどうだい、と——。孔子もびっくりの使い方がされているわけです。

また、式亭三馬《しきていさんば》の書いた江戸後期の有名なベストセラー本『浮世床《うきよどこ》』のなかには、

「残念閔子騫《ざんねんびんしけん》」

という表現が出てきます。これは『論語』にある「徳行には顔淵《がんえん》、閔子騫」という一節をもじったもの（《顔淵》と《残念》をかけている）。『論語』の内容が、滑稽本を読むような庶

小山正太郎画（渋沢史料館所蔵）

民にまでそれなりに浸透しているからこそ、洒落《しゃれ》として通用するわけです。

さらに第一章で触れたように、栄一自身も子供の頃、まず学んだのが『論語』であり、儒教系の古典でした。こうした観点からいえば、道徳や公益の源泉として『論語』や孔子の教えが選ばれたのも、当然という気がしてきます。

しかも、この「論語と算盤」というモットー——正確にいえば「道徳経済合一説」や「義利合一」も含めて——を最初に提唱したのは、栄一ではありません。儒者の三島毅《みしまき》（号は中洲《ちゅうしゅう》　今の二松学舎大学を創設）でした。

彼は、備中松山《びっちゅうまつやま》藩（今の岡山）における藩政改革で、師であった山田方谷《やまだほうこく》の右腕を務めたことがあります。そのさいに『論語』や儒教とともに、財政や経済も治政には重要であることを実感し、明治十九（一八八六）年に「義利合一論」を、明治四十一（一九〇八）年に「道徳経済合一論」を、それぞれ東京で講演しました。

明治十（一八七七）年、第八十六《だいはちじゅうろく》国立銀行（今の中国《ちゅうごく》銀行）を設立するさいに栄一は、三島と知り合い、以後、彼の思想の影響を受けるようになります。「論語と算盤」というモットーについては、さらに後年の明治四十二（一九〇九）年に、こんな経緯がありました。

わたしが七十になったときに、友人が一冊の画帳を造ってくれた。その画帳のなかには『論語』の本とソロバン、一方にはシルクハットと大小の朱色に塗った刀のサヤが描いてあった。ある日、学者の三島毅先生が、わたしの宅にいらっしゃって、その絵を見られて、こう言われた。

「とても面白い。わたしは『論語』を読む方で、おまえはソロバンを探究している方だ。そのソロバンを持つ人が『論語』のような本を立派に語る以上は、自分もまた『論語』だけで済ませず、ソロバンの方も大いにきわめなければならない。だから、お前とともに『論語』とソロバンをなるべくくっつけるように努めよう」

そのうえ、『論語』とソロバンについて、道理と事実と利益とは必ず一致するものであることを、さまざまな例証をそえて本格的な文章に書いてくださった。[76]

この絵は長岡出身の画家・小山正太郎《こやましょうたろう》が描いたもので、宝田《ほうでん》石油の専務取締役だった福島甲子三《ふくしまかしぞう》が、栄一の古希のお祝いに贈ったものでした。もともと儒者が作った標語ですから『論語』や「義」といった言葉が出てくるのは、当たり前だったのです。

栄一は、今までの自分の思いや行動の軌跡が、これらのモットーによって見事に言い表されていると感じました。そこで、これらを道徳や公益を一般に説くもととして使ったのです。この意味では、彼にとってはまず行動ありき、理屈や思想は後からついてきた面があります。

さらに、『論語』自体の内容も、彼の理念にうってつけのものだったのです。

もっとも欠点が少ない教訓

まず彼自身は、『論語』のすぐれた点をこう述べています。

弟子たちが孔子のことについて書いた『論語』という書物がある。ここには今、われわれが道徳の手本とすべきもっとも重要な教えが載っている。[77]『論語』には、おのれを修めて、人と交わるための日常の教えが説いてある。『論語』はもっとも欠点の少ない教訓であるが、この『論語』で商売はできないか、と考えた。そしてわたしは、『論語』の教訓に従って商売し、経済活動をしていくことができると思い至ったのである。[78]

わたし自身は、宗教や、その教義としてはキリスト教の方がよいかもしれないが、人間の守る道としては孔子の教えの方がよいと思っている。これはわたし独自の考え方かもしれないが、孔子の方が信頼を高めさせる点として、奇蹟が一つもないという点がある。[79]

ここで挙げられているのは、「道徳の手本とすべき教え」「もっとも欠点が少ない教訓」「奇蹟や迷信の類がないこと」の三つ。注目すべきは、栄一は『論語』を絶対的な教えとは考えず、客観的にその善し悪しを把握しつつ使おうとした点。だから「欠点が少ない教訓」という表現なのです。この意味は、後ほど詳述します。

さらに、『論語』の教えの内容が、まさしく栄一が目指していた「信用でまわす経済」や「合本主義」にうってつけの面を持っていました。

孔子は何をしようとした人なのか

そもそも『論語』とは、どのような古典なのか。

つい「孔子が書いた」と言いたくなってしまいますが、孔子自身は直接書いてはいません。孔子の死後百年ほどたって、その教えがバラバラになってしまうことを恐れた孫弟子や曾孫弟子たちが集まって編纂したのが『論語』の最初期の原型だと考えられています。ちなみに、今われわれが読む『論語』というテキストに完成するには、そこからさらに約五百年を要しています。

書かれている中身は、今から約二千五百年前に活躍した孔子（本名は孔丘《こきゅう》、字《あざな》は仲尼《ちゅうじ》、子は先生の意味）と、その弟子や周囲の人々との言行録。

では師である孔子と、延べ三千人いたといわれる弟子たちは、一体何をしようとしていたのか。

『論語』にこんな問答があります。

孟武伯《もうぶはく》という貴族が、孔子に尋ねた。

「あなたの弟子の子路《しろ》は、仁を身につけておりますか」

「それはわかりません」

さらに尋ねてきたので、孔子はこう答えた。

「子路は、諸侯国において、軍備の切り盛りをさせることができます。仁のレベルに至っているかどうかはわかりませんが」

「では、弟子の冉有《ぜんゆう》については、どうでしょうか」

孔子が答えるには、

「冉有は、大きな町や、名家の番頭役をつとめさせることができます。仁のレベルに至っているかどうかはわかりませんが」

「では、弟子の公西赤《こうせいせき》については、どうでしょうか」

孔子が答えるには、

「公西赤は、威儀を正して朝廷に立ち、外交を司ることができます。仁のレベルに至っているかどうかはわかりませんが」

（孟武伯問う、「子路、仁なりや」。子曰く、「知らざるなり」。また問う。子曰く、「由《ゆう》や、千乗《せんじょう》の国、その賦《ふ》を治めしむべし。その仁を知らざるなり」。「求《きゅう》や如何《いかん》」。子曰く、「求や、千室《せんしつ》の邑《ゆう》、百乗の家、これが宰《さい》たらしむべし。その仁を知らざるなり。「赤や如何」。子曰く、「赤や、束帯《そくたい》して朝《ちょう》に立ち、賓客《ひんきゃく》と言わしむべし。その仁を知らざるなり」）(80)


この中身を現代でたとえれば、孟武伯は官公庁の人事担当者であり、孔子は私立学校の校長先生なのです。ある日、お役所の人事担当者が、孔子校長のもとに来て、めぼしい生徒たちについてこう尋ねていきます。

「あなたのところの××という生徒は、最高の人材なの？　最高の人材なら雇ってあげるよ」

すると孔子はこう答えます。

「最高の人材かどうかはわかりませんが、彼らなりの才能を持っています。その強みを活かして使って頂ければきっとお役に立ちますよ」

当時、孔子や弟子たちの就職先は、諸侯や有力貴族の家でした。そこで政治家や官僚として国や私邑《しゆう》（私的な領地）を切り盛りするのが仕事でした。弟子のなかには、商売や農業に手を染める者もいましたが、『論語』のなかでは「ちょっと変わった人」扱いされています。

つまり孔子は弟子たちを、政治的な同志として育てようとしていましたし、もちろん孔子自身も、政治家になりたいと熱望していました。

この意味で、『論語』にある問答の大半は、広い意味でのよき政治について、そしてよき為政者や指導者（＝君子）についてなのです。

政治で最も大切なもの

では、孔子は政治についてどう考えていたのか。

> 子貢《しこう》が政治の課題についてたずねた。孔子が答えるには、
> 「食糧を確保すること、軍備を充実させること、そして、国民の信頼を得ること、この三つだ」

「では、やむを得ない事情があって、そのうちの一つを切り捨てなければならないとしたら、どれになりますか」

「軍備だよ」

「では、残りの二つのうち、切り捨てなければならないとしたら、どれになりますか」

「食糧だよ。人間はしょせん死を免れない。それにひきかえ、国民の信頼が失われたのでは、政治そのものが成り立たなくなる」

（子貢、政《まつりごと》を問う。子曰く、「食を足《た》らし、兵を足らし、民これを信にす」。子貢曰く、「必ず已《や》むを得ずして去らば、この三者に於いて何をか先にせん」。曰く、「兵を去らん」。子貢曰く、「必ず已むを得ずして去らば、この二者に於いて何をか先にせん」。曰く、「食を去らん。古《いにしえ》より皆死あり。民、信なくんば立たず」[81]）

書き下し文の最後にある「民、信なくんば立たず」は、今でも使われる名句に他なりません。

現代でも同じですが、権力で抑えつけるような恐怖政治でない限り、国民や部下から信頼されなければ、指導者はその国や組織をうまく回していくことができません。よき政治には「信」が必須なのです。

ただし古来、孔子の最後の答えには疑問が投げかけられてもきました。よき政治には、「信」が重要なことがわかるが、食料を切ったら人間は死んでしまう。死んでしまったら、「信」も何もないではないか――

この疑問はその通りなのですが、実はこの内容、会社に置き換えてみると意味がすこぶる理解しやすくなります。

たとえば、みなさんがある会社の社長だとして、折からの不況の影響で、会社の資金繰りがつかなくなったとします。仕方なく全社員に集まってもらい、こう切り出します。

「申し訳ないが、資金繰りがつかなくなった。ついては給料を三ヵ月我慢してくれないか。三ヵ月我慢してもらえば、この会社は立ち直れる」

このときに、社員たちはどうするか、という話なのです。社員たちが「給料も払えない会社に誰がいられるか」とみな辞めてしまえば、そこで会社は潰れます。一方で、「あの社長のいうことなら、信用して三ヵ月頑張ってみよう」と思って残れば、会社は立ち直れるかもしれません。

つまり、「食い扶持」と「信用」とをハカリにかけて、特に危急存亡のときは「信用」の方が重くないと、組織は保たないという話なのです。

孔子は政治の中核には「信」があると信じていました。だからこそ、よき政治家、よき指導者を目指していた弟子たちに、信用される人柄を身につけるのに必要な「礼」や「徳」を教えていったのです。

『論語』のこうした「信」を強調する側面は、栄一が導入した「信用でまわす経済」にうってつけなのは論を俟《ま》たないでしょう。だからこそ栄一は、こう言い切ります。

> 論語とソロバンは一致すべきものである。[82]

栄一は、「論語にはソロバンが必要」とか、「ソロバンには論語が必要」といった生ぬるい言い方をしていません。繰り返し「両者は一致すべき」と言い切っています。

なぜ「一致」というロジックが成り立つのか。『論語』と「信用でまわす経済」とは、共にその中核が「信」であり、完全に同じだから——こう考えることができるのです。もちろん、これは商業活動やビジネスでもまったく同じことなのです。

士魂商才

栄一は、「和魂漢才」という言葉をもじった「士魂商才」というモットーについて、こんな説明をしています。

> 人の世の中で自立していくためには武士のような精神が必要であることは言うまでもない。しかし武士のような精神ばかりに偏って「商才」がなければ、経済のうえからも自滅を招くようになる。だから「士魂」とともに「商才」がなければならない。その「士魂」を、書物を使って養うという場合いろいろな本があるが、やはり『論語』がもっとも「士魂」養成の根底になるものだと思う。では「商才」の方はどうかというと、こちらも『論語』で充分養えるのだ。
>
> 道徳を扱った書物と「商才」とは何の関係もないようであるけれども、「商才」というものも、もともと道徳を根底としている。不道徳やうそ、外面ばかりで中身のない「商才」など、決して本当の「商才」ではない。そんなのはせいぜい、つまらない才能や、頭がちょっと回る程度でしかないのだ。このように「商才」と道徳とが離れられないものだとすれば、道徳の書である『論語』によって「商才」も養えるわけで

ある。[83]

まず「『商才』というものも、もともと道徳を根底としている」という文章を、筆者なりに言い替えれば、「ビジネスは信用をもとにしている」「商売の才能とは、信用に裏付けされる」となります。

いくら目先で大金を儲けられたとしても、信用を失って、それ以上ビジネスができなくなれば、長い目で見て利益にならないのは明らかでしょう。しかも、そのビジネスを実践する基盤が「信用でまわす経済」なら尚更のこと。

『論語』を根底とする「士魂」の中核部分と、「商才」のそれとが「信」で一致しているのです。

さらに、栄一のこの発言のなかに「『論語』がもっとも士魂養成の根底になる」という一文があります。この点の歴史的な経緯について、少し触れておきましょう。

移り変わる武士道

われわれが思い浮かべる「武士道」のイメージは、実は江戸時代に作られたものであり、それ以前のものとは別物なのです。栄一は、江戸時代以降の新しい方の「武士道」を採用しています。

江戸時代の中期まで、「武士の道」とは、わかりやすく言えば、

「自分の名誉や利益のために、謀略やウソを駆使しつつ、敵に勝つことこそ武士の本分」

という考え方でした。

武士とは、当たり前ですが大本は戦闘者のことであり、乱世において、潔さとか清廉潔白さなどにこだわっていたら、あっという間に殺されてしまうのが関の山。敵の不意を突く（桶狭間《おけはざま》《田楽狭間《でんがくはざま》》の合戦）、まともに勝負せず食料を絶つ（備中高松《びっちゅうたかまつ》城の戦い）、裏切り者を潜ませる（関ヶ原《せきがはら》の合戦）、約束を破る（大坂夏の陣）、みな当たり前の話だったのです。

しかし元禄《げんろく》年間——五代将軍綱吉《つなよし》の頃になると、これが問題視されるようになります。例外もありましたが、もう百年近く平和が続いている状況で、単なる戦闘者という存在が無用の長物になってきたのです。では、どうするか。そこで出てきたのが「儒教的士道論」でした。

これは要約するなら、

「武士はもともと戦闘者なので、それを捨てる必要はないが、それ以上に『論語』に出て

くるような徳を身につけた為政者という部分をもって、公のために尽くすのが本分である」

という考え方なのです。山鹿《やまが》素行《そこう》や荻生《おぎゅう》徂徠《そらい》が代表的な提唱者ですが、こうした新しい概念を採用して、特に位の高い武士たちに熱心に『論語』や儒教の学習を勧めたのが、将軍の綱吉でした。彼は乱世の秩序から、平時の秩序に体制を転換しようとした面があるのです。


そして、時は飛んで明治。国際連盟事務次長などを務めた新渡戸《にとべ》稲造《いなぞう》が、ベルギーの法学者ド・ラブレーからの、

「宗教教育がない日本では、どうやって道徳教育を教えるのですか」

という問いに即答できず、十年かけてこの質問に答える形で明治三十二（一八九九）年『武士道《ぶしどう》』を英文にてアメリカで上梓します。


折しも日本は日清《にっしん》戦争に勝ち、世界から注目を浴びていました。当時、「近代化はキリスト教倫理を持った国にしかできない」と思われていたのに、日本はそれに成功し、大国の清に勝利した、これはどういうことなのか――この問いに答える本だと見なされたのです。『武士道』は、英語圏はもちろん、ドイツ語、フランス語にも訳されて世界でベスト

セラーになりました。

さらに明治三十八（一九〇五）年、日露《にちろ》戦争で日本が勝ち、これに拍車がかかります。極東の小国日本が、みずから近代化を果たしたどころか、当時、最強の陸軍国の一つと思われていたロシアを倒してしまったわけですから。ロシアはかつて、かの軍事の天才ナポレオン・ボナパルトを撃退した国なのです。

そしてこの新渡戸版『武士道』の内容というのが、元禄の頃から広まりはじめた「儒教的士道論」のエッセンスを、盛りに盛ったような内容でした。つまり武士道は「義」「勇」「仁」「礼」などの徳目を基本とし、それが日本人のモラルの源泉となり、欧米人にとってのキリスト教と同じ役割を果たして、近代化の基盤となった、と。

明治四十一（一九〇八）年、「海外で大評判」という看板を背負って日本に逆輸入されると、やはり大きく話題になりました。

現在われわれが抱く「武士道」のイメージは、ここから来ているのです。

一連の経緯を見れば明らかなように、新しく定着した「武士道」における武士とは、「信頼されるべき為政者」の異名に他なりません。「士魂」も「商才」もともに『論語』ベース、そして「信用」ベースというのはこうした歴史的経緯あってのものなのです。

公益追求

さて、孔子にとって、政治における最重要な要素が「信」であることはわかりましたが、では、実際に政治をとり行う為政者や指導者には、どのような心構えが必要なのでしょう。

『論語』にはこんな指摘があります。

孔子が言った。「行動にさいして、義を優先させるのが君子、利を優先させるのは小人である」

(子曰く、「君子は義に喩り、小人は利に喩る」)[84]

孔子が言った。「人間であるからには、だれでも富や地位のある生活を手に入れたいと思う。だが、しかるべき役割を任された結果手に入れたものでないなら、しがみつくべきではない。逆に貧賤な生活は、誰しも嫌うところだ。だが、しかるべき役割を任されずにそうであるなら、そこに甘んじるべきだ」

(子曰く、「富と貴きとは、これ人の欲する所なり。その道を以ってこれを得ざれば、処《お》らざるなり。貧しきと賤しきとは、これ人の悪《にく》む所なり。その道を以ってこれを得ざれば、去らざるなり」[85]

この二つは政治家や官僚についての言及として読むと、意味が明瞭です。

政治家や官僚は、人々の税金からそれなりの給料をもらっている存在。ですから、お金の面はそれに満足して、自分の利益ではなく公益を追うべきもの。もし今以上のお金や地位が欲しいのであるならば、功績を上げて認められた結果、昇進などして手にすべきである。もちろん、逆もしかり、と。

残念ながら、現在に至るまで私利を追い、仲間の利益だけを図ってしまう政治家や官僚が跡を絶ちません。しかし、孔子のこうした指摘こそあるべき姿なのは確かでしょう。

そう、政治家に最低限必要な心構えとは、私益を追わずに、政治家としての義、つまり公益を追うことなのです。

「義や公益の追求が基本」というこの側面もまさしく、栄一の唱えた「合本主義」における「公益を追求するという目的や使命」とそのまま合致するのは明らかです。『論語』という古典は、特に「信用重視」、そして「義や公益の追求」という二重の意味において、彼の理想とした経済のあり方を支え得るものだったのです。

ただし後者の「義や公益の追求」という側面は、因果関係が逆かもしれません。すなわち栄一は、子供の頃から『論語』や儒教的価値観に馴染んでいたため、為政者的な「公益を追求する」という目的を掲げた「合本主義」を構想し得た、と——。いずれにせよ、両者は重なり合う部分が大きい考え方なのです。

しかし、もちろんうまく合致する面ばかりではありません。

『論語』を商業道徳に当てはめようとしたが故に、栄一の解釈は、ある矛盾を抱え込まざるを得なくなります。そして、驚くべきアクロバティックな方法で、彼はそれを解決しようとするのです。

『論語』の大胆な読み換え

先ほど引用した『論語』の一節、

> 孔子が言った。「人間であるからには、だれでも富や地位のある生活を手に入れたいと思う。だが、しかるべき役割を任された結果手に入れたものでないなら、しがみ

つくべきではない。逆に貧賤な生活は、誰しも嫌うところだ。だが、しかるべき役割を任されずにそうであるなら、そこに甘んじるべきだ」

これに対して、栄一は『論語講義』という本のなかで、次のような解説を付けています。

> 富と地位とは、万人が欲しがるものだ。しかし、これを手にするためには真っ当な道がある。つまり学問を学び、成果を出し、自分を磨いて、道徳を身につけることだ。富と地位そのものは、もちろん悪いものなどでなく、若い人がぜひ求めるべきものだ。しかし、これを獲得する手段や方法については、慎重のうえにも慎重の態度をとらなければならないというのが、本章における孔子のお考えであろうと思われる。[86]

孔子のもとの考え方と、栄一の解釈、どう違うかおわかりになったでしょうか。

富に絞ってお話ししますと、富が必要か否かといえば、孔子は必要だと考えていました。政治家や官僚も生活者であり、働きに応じた給料をもらえないと生きていけないからです。

　では、追い求めるべきか否か、といえば追い求めるべきではない、と孔子は考えていました。政治家や官僚は、公益を追い求めるべき存在として、税金からそれなりの給料をもらっています。そうである以上、自分の利益は追い求めるべきではない、と考えたのです。

　しかし栄一にとって、この解釈ではダメだったのです。

　彼は『論語』を商業道徳として読み直そうとしましたが、商人や実業家は、税金から給料をもらえるわけではなく、自分の給料は自分で稼がなければなりません。政治家や官僚とは根本的に立場が違うのです。

　そこで栄一は、この一節を次のように読み替えました。

「孔子様でさえ、富は必要だといっている。だから求めてよいのだ。ただし、その求め方には正しい／正しくないがある」

　これは孔子のもとの考え方からすると、かなり無茶な解釈と言っていいでしょう。

　しかし同時に、この飛躍あってこそ『論語』は商業道徳たり得た、とも言えるわけです。この意味で、栄一は素晴らしい読み替えをした、と筆者は思っています。

『論語』の中身は、今から二千五百年ほど前の言行録。当然、今の時代に合う部分もあれば、合わない部分も出てきます。もし古典をうまく活用しようとするならば、時代に合った形での読み換え——あるときはアクロバティックな再解釈——も必要なのです。これは中国や日本の歴史のなかで、多くの学者達が行ってきたことでもありました。栄一は、明治にその商業版を打ち立てたということなのです。

さて、栄一はビジネスに合わない部分は『論語』を大胆に読み替えたわけですが、一方で、そんなまどろっこしいことをせずに、『論語』や儒教をそのまま否定している部分もあります。実は、この点にこそ彼の「論語と算盤」の意味が浮かび上がってもきます。次章でさらに掘り下げたいと思います。

第七章　対極をバランスする思想

男尊女卑の否定

栄一が否定せざるを得なかった『論語』の教え、それは一言でいえば、新しい時代に合わない部分でした。その代表的な例が次の一節。

孔子が言った。「女と使用人は始末におえない。目をかけてやるとつけ上がるし、突き放すと逆恨みする」
（子曰く、「唯だ女子と小人《しょうじん》とは養い難しとなす。これを近づくれば則ち不孫《ふそん》、これを遠ざくれば則ち怨む」[87]）

これに対して栄一は、次のような解説を付けています。

今は昔と異なり、人はみな平等で、男女も同じ（政治上の権利を除く）権利を持っている。職業には管理する側とされる側があるにせよ、人権に高い低いの区別はないのだ。みな同じ人の子、もちろん奴隷視などしてはならない。世の中は籠《かご》に乗る人乗せる人、ともに一蓮托生《いちれんたくしょう》の同じ国民。和気あいあいのうちに働いて、家業を盛んにし、

> 家庭を管理する。これこそ善良な家庭の父母なのだ。
> （中略）孔子のいう「女と使用人は始末におえない」というのは、第一に男尊女卑を原則として、第二に女子に教育機会を与えない時代の見方を反映している。いまや政治上も男女同権に近づき、また教育も女子に行き渡ったのだから、昔と同じ見方はできないだろう。わたしはこう思う。孔子は、
> 「過去の歴史を勉強することによって、現代に対する洞察を深めていく（故《ふる》きを温《たず》ねて、新しきを知る）」
> と述べているように、意欲的に新しいものを取り入れようという考えを抱いている方だった。だから、もし孔子が今日に生まれたならば、絶対にこのような言葉は残さなかったろう。婦人参政権も否認しないに違いない。[88]

第二章で取り上げた成瀬仁蔵の影響もあり、孔子の考え方は古い時代の女性観であり、今の時代にはそぐわないと、はっきり言い切っています。そして、女性にも参政権を認めるべきだとまで主張しています。

さらに『論語と算盤』のなかでは、女性についてこう語っています。

女性に対する昔からの馬鹿にした考え方を取り除き、女性にも男性と同じ国民としての才能や知恵、道徳を与え、ともに助け合っていかなければならない。そうすれば、今までは五千万の国民のうち二千五百万しか役に立たなかったのが、さらに二千五百万を活用できることになるではないか。これこそ、大いに女性への教育を活発化させなければならない根源的な理屈なのだ。[89]

注目すべきは、経済合理性の観点から男女平等を訴えていること。もちろん栄一は、経済合理性だけで女性を考えているわけではないのは、前の引用からも明らかです。ただし、儒教文化の影響の強いなかで、男尊女卑の染みついた人々を説得するのに、経済合理性という反論しにくいロジックを持ち出しているわけです。そして経済合理性とは、まさしく「算盤」から汲み出される価値観でした。

孝行は親がさせるもの

さらに、儒教の重要な徳目である「孝」について、栄一はユニークな私見を吐露《とろ》しています。

親は自分の気持ち一つで、子供を親孝行にもできるが、逆に親不孝にもしてしまう。自分の思い通りにならない子供をすべて親不孝だと思ったなら、それは大きな間違いなのだ。親を単に養うというだけなら、犬や馬のような獣を飼って養ってやる場合と、変わらなくなってしまう。人の子としての孝行の道は、このように簡単ではないと思う。親の思うようにならず、絶えず親もとにいながら、親を養うことをしない子供だからといって、それは必ずしも親不孝ではないのだ。

こんなことを述べると、いかにもわたしの自慢話のようになって恐縮ではあるが、実際のことなので遠慮なくお話ししよう。確かわたしが二十三歳のときであったろうと思うが、父がわたしに向ってこんな話をされた。

「お前の十八歳頃からの様子を見ていると、どうもお前にはわたしと違った所がある。読書をさせれば理解力にすぐれ、また何事にもよく頭がまわる。私の希望からいえば、いつまでもお前を手元に置いて、わたしの言う通りにさせたい。しかし、それではかえってお前を親不孝にしてしまうから、わたしは今後お前をわたしから自由にし、思う通りにさせたいと思う」

いかにも父がおっしゃった通り、その頃わたしは読書の理解力からいえば、若輩者ながらすでに父より上だったかもしれない。また、父と比べると、多くの点で優った所もあったろう。それなのに、父が無理にわたしを父の思う通りにさせようとし、「これが孝行の道なのだ」と孝行を強制していたら、わたしはかえって父に反抗したりなぞして親不孝の子供になってしまったかもしれない。

幸いにもこんな事態にはならず、未熟ながらも親不孝にならずに済んだのは、父がわたしに孝行を強制せず、広い心でわたしに臨み、わたしの思うままの志に向かって進ませてくれた賜物《たまもの》なのだ。孝行は親がさせてくれて初めて子供ができるもの。子供が孝行をするのではなく、親が子に孝行させるのである。[90]

この考え方は、伝統的な儒教の「孝」とは、まったくそぐいません。当たり前ですが古代と近代とでは、持つべき価値観も状況も異なっています、古代中国、貴族たちはこんな価値観のなかで生きていたと指摘されています。

永遠に続くべき一族の生命の流れのなかに自らを置く当時の人々は、父祖の生きたように生きねばならなかった。[91] だからこそ五経の一つ『礼記《らいき》』には、こうあります。

父や母の愛するものは愛し、父や母の大切にするものも、やはり大切にする。犬や馬に至るまで、みなそうなのだ。ましてや人間であれば当然のことだ。
（父母の愛する所は、またこれを愛し、父母の敬する所は、またこれを敬する。犬馬に至るまで尽《ことごと》く然《しか》り。況《いわ》んや人に於いてをや）[92]

自分の人生を、父母や祖先たちのそれと同じように生きる——だから、その愛するものや、大切にするものを引き継ぐのは当たり前。なぜなら、一族の継続する血や価値観を絶やさないことが、彼らの務めだったからです。もちろん現実には例外も多々ある話ですが、こういうなかでは親に粛々《しゅくしゅく》と尽くすのが基本、意見することはできても、逆らうなど許されるわけがありませんでした。

子供が親に仕える場合、三度諫言して聞き入れられなければ、号泣して親に従う。
（子の親に事《つか》うるや、三諫《さんかん》して聴からざれば、号泣してこれに随《したが》う）(93)

ところが栄一は、「孝行は親がさせてくれて初めて子供ができるもの。子供が孝行をするのではなく、親が子に孝行させるのである」と述べています。この奇妙なロジックの意味は、会社でたとえると、理解しやすくなります。

新しき時代には新しき人物を養成する

ものつくり系の会社でよくある話ですが、一世を風靡したような製品が時代遅れになって売れなくなり、会社が傾き始めたとします。

しかし、若手が新しい製品を提案しても、老齢の社長——その製品をまさに世に送り出した人物——は、自分が理解できないものは否定し、昔の製品に固執して、ますます会社を傾けていきます。こんな場合でも、次世代の人間は、ひたすら老社長の意に沿うことだけをやっていればいいのか——

栄一の言いたいことは、

「次の世代には、次の世代のやりたいことをやらせなさい」

ということなのです。もちろん、新しいことをやれば、失敗するかもしれません。しかし温かく見守っていれば成果を出すこともあるでしょう。それが会社を再び繁栄させることにつながるのです。通用しなくなった昔の価値観を強制するのは、会社をじり貧にするだけで、逆に次の世代に親孝行させないことになってしまう、と。彼には、こんな言葉もあります。

> 新しき時代には新しき人物を養成して新しき事物を処理せねばならない。[94]

この背景に、栄一の直面していた時代状況があることは一目瞭然でしょう。

彼は「近代日本の設計者・運営者」として、明治以降、多数の会社や社会事業にかかわりました。このとき、他の人々が「昔ながらの江戸時代の価値観を守っているのがよい」「若い世代も自分たちの継承だけしていればよい」などと考えていたら、物事は少しも進みません。

変化の激しい時代、変化を起こさなければならない時代に、ふさわしいあり方とは何かを彼はここで提唱しているのです。

そして、ここで彼が基盤にしているのが、やはり「算盤」の方に由来する「進取」や「革新」といった価値観でした。

競争はなぜ必要か

もう一つ、栄一には『論語』にケンカを売っているとしか思えない一文があります。

> 国家が健全な発達をとげていくためには、商工業においても、学術や芸術、工芸においても、また外交においても、常に外国と争って必ずこれに勝って見せるという意気込みがなければならない。国家ばかりではない、一個人においても、常に周囲に敵があってこれに苦しめられ、その敵と争って必ず勝って見せる気概がなくては、決して成長も進歩もない。[95]

何がケンカを売っているのか。『論語』にはこんな教えがあるからです。

孔子が言った。「君子は、人と争わないものだ。しいて争う場面をあげれば弓の競技ということになろうか」

（子曰く、「君子は争う所なし。必ずや射《しゃ》か」）[96]

孔子は、乱世のなかで平和を希求した人物であり、「和」こそ目指すべきものでした。ですから基本的に争いというのは、立派な人間のやることではないと考えていたのです。

この「和」を重んじて、争いを避けるという傾向は、今でも日本人の特徴として指摘されています。しかし栄一は、やはり「算盤」に由来する「成長」や「進歩」という価値観から「和」の偏重を否定します。もちろん「和」は重要だが、時に「争い」も必要なのだ、と。引用文では、「勝って見せるという意気込み」「気概」といったように精神面が強調されていますが、実際には物質面に及ぶこともありました。

この象徴的な例が、争いのない独占状態の業界に、わざわざライバルを作って参入したこと。

第三章で少し触れたように、その対象となったのが、明治の初期に海運を独占して高い収益を上げていた岩崎弥太郎率いる郵便汽船三菱会社。

明治十三（一八八〇）年、栄一と益田孝が中心になって、風帆《ふうはん》船会社を設立、三菱の牙城を崩そうとします。さらに栄一をはじめとして井上馨、品川弥二郎《しながわやじろう》、益田孝、榎本武《えのもとたけ》揚《あき》、浅野総一郎など、三菱の独占に反発する実業家などが集まって明治十五（一八八二）年に共同運輸《きょうどううんゆ》会社が設立されました。

この後、郵便汽船三菱会社と共同運輸会社とは、熾烈なダンピング合戦を展開。共倒れが危惧されるまでに争いは泥沼化します。

そんな最中の明治十八（一八八五）年、突然、岩崎が逝去。これをきっかけに政府が仲介に入り、西郷従道《さいごうつぐみち》農商務卿の尽力もあって、両者が合併する形で、今も海運大手の日本郵船が誕生するのです。

独占では「成長」も「進歩」も生まれないという考えから、栄一は動いていたのです。

競争から生まれる公益

ただし、彼は同時に、競争には「善意の競争」と「悪意の競争」があるとも指摘しました。

> いわゆる「競争」とは、勉強や進歩の母なのである。しかしこれは事実である一方、「競争」には善意と悪意の二種類があるように思われる。踏みこんで述べてしまえば、毎日人よりも朝早く起きて、よい工夫をして、知恵と勉強とで他人に打ち克っていくというのは、まさしく善い競争なのだ。しかし一方で、他人のやったことが評判がよいから、これを真似してかすめ取ってやろうと考え、横合いから成果を奪い取ろうとするのは悪い競争に他ならない。[97]

この善意と悪意の二種類の競争、まさしく漢字の「競」と「争」、それぞれの意味に由来します。

もともと「競争」という言葉は、江戸時代末期にできた翻訳語であり、その作成者、福沢諭吉はこんな述懐を残しています。

> 私がチェーンバーの『経済論』を一冊持っていて、何か話のついでに幕府の勘定《かんじょう》方《がた》の高官、今で言えば大蔵省の重要な職にいる人に、この経済書について話したこと

がある。すると、とても喜んで、「目次だけでも良いから見せて欲しい」という。早速翻訳してみると「コンペティション」という原語に行き当たった。いろいろ考えたすえに、「競争」という訳語を造り出して、およそ二十項目あった目次を翻訳して、これを見せた。すると、その人は何度も感心していたようだったが、「いや、ここに『争』という字が使ってある、ちょっと物騒だが、どういうことなのか」と言った。[98]

　幕府の勘定方役人が問い質したように、「競」と「争」とは異なった意味を持つ漢字に他なりません。

「競」の方は、冠(立)を被った人(兄)が二人でカケッコをしている姿を象《かたど》ったといわれています。つまり、成果を出すためには、何よりも自分の成長ありきの事象をいい、他の例では水泳、ゴルフ、受験、コンクールなどが挙げられます。栄一の指摘でいえば、「毎日人よりも朝早く起きて、よい工夫をして、知恵と勉強とで他人に打ち克っていく」部分がこれに当たります。

　一方の「争」の方は、一本の棒を、二人の人間が手で奪い合っている姿を象っていて、要は奪い合い、損ない合いありの戦いなのです。具体例でいえば戦争、ボクシング、レスリングなどがあり、栄一の指摘では「真似してかすめ取ってやろうと考え、横合いから成果を奪い取ろうとする」という部分になります。

もちろんこの二つ、現実には入り交じっていますが、栄一の言及を勘案すると、彼は「争い」や「競争」について、おそらく次のように考えていたと推定されます。

「個人や会社、国同士の関係では、気持ちとしては『ライバルたちと争って必ず勝って見せる気概』を持たなければならない。そして実際の競争では、ルールや正しい道を守りつつ、ライバルよりも自分を成長させるという善意の競争、つまり競い合いで成果を出すべきだ」

さらに、栄一の引用のなかには「国家」「商工業」「学術」「芸術」「工芸」「一個人」までもが、競い合いの対象として挙げられています。この点は、第五章で触れた「公」の意味とかかわってもきます。

たとえば、ある会社で、社員同士が激しく競い合い、お互いに成長を重ねたとします。それは当然、会社としての総合力を高める結果になり、会社という「公」に貢献する道になります。

一方、そんな会社同士が、ライバルと競い合い、お互いに成長を重ねたなら、それは国の成長の原動力となり、国という「公」に貢献するわけです。同じことが、国同士の競い合いと世界の関係にも言えるわけです。

近代以降、強烈に主張されるようになった「成長」や「進歩」といった価値観から考えると、「争ってでも勝つ気概」をともなった激しい競い合いは、公益の一つの前提として不可欠なのです。だからこそ『論語』の「和」に抗ってでも、栄一は激しい「競争」の効用を説き続けました。血しぶき飛び交う幕末に青春期を過ごし、高崎城襲撃計画で一度は死ぬ覚悟を決めた彼の実体験がここには反映されてもいるのでしょう。

ただし世の中もちろん「競争」だけあればいいわけではなく、一方で「和」も必要であり、そのバランスこそ彼の目指すものでした。ですから実業界でいえば、彼は業界の和を作るために、大量の業界団体にかかわり続けました。

特に有名なのが、東京商法会議所（今の東京商工会議所）であり、まだできたばかりでひ弱だった実業界の団結を促進し、地位向上や業界全体の意見とりまとめ、相互交流などに取り組んでいきました。

彼はたくさんの会社にかかわったことで有名ですが、そればかりでなく、会社の全国的な組織化を行い、実業界全体としても一つにまとまって力が発揮できるよう仕向けていったのです。

これもまた「論語（和）と算盤（競争）」の一つの意味なのです。

手段としての「論語と算盤」

さて、ここまで見てきたように、栄一は、『論語』の抱える問題点を、「算盤」が内包する価値観――「経済合理性」「進取」「革新」「進歩」「成長」を使って取り除こうとしました。

そして、これは逆も然りなのです。

「算盤」に象徴されるビジネスや経済にも、特有の問題があります。それらを彼は、『論語』の価値観を使って取り除こうとしました。

いい例が、第二章で取り上げた養育院の廃止問題。

東京府の議員たちから、

「このような慈善事業は、自然となまけた人間を作るようになるから、むしろ害があって利益のないものである。このような事業に多額の経費を投ずることはとてもよろしくない。ぜひ廃止してその経費をほかの有用な方面に利用すべきである」

といった存続に対しての反対意見が出ました。これは経済合理性の観点から、養育院など不要という話であり、「算盤」に内包される「優勝劣敗」「二極化」「経済合理性」などの価値観が、時に行き過ぎる問題点が端的にあらわれてもいます。

これに対して、栄一は『論語』の「仁（愛や思いやりを広げていくこと）」や「忠恕（良心と思いやり）」をもとにすれば、困っている人を助けるのは当たり前だと考えていました。実際、東京市養育院の職員に対する講演のなかで、彼はこう語っています。

> 人の常に抱くべき「人道」とは、何より良心と思いやりの気持ち（忠恕）を基盤にしている。[99]

愛や思いやり、人としての良心があったなら、弱者切り捨てなどできるはずがない、それが「人道」だと主張しているのです。

さらに、こんな例もあります。

やはり第二章で取り上げた東京人造肥料では、売れ行き不振や火事などで他の出資者たちが見放すなか、彼一人、

「この事業は日本農業の近代化のためにどうしても必要だ」
と信じて、手を引かず、ひとり残って会社の経営も引き受け、会社を黒字化しました。赤字事業から手を引くのは、「経済合理性」からいえば間違った判断とはいえないでしょう。しかし、栄一は『論語』の「義」を掲げることで、これを継続したのです。世の中には、「経済合理性」だけで考えるべきではない、公益性のためにやるべき事業がある、と。

このように栄一は、「算盤」に象徴されるビジネスや経済が内包する価値観――「経済合理性」「優勝劣敗」「二極化」などが、時に行きすぎて巻き起こす問題を、『論語』の価値観である「仁」「忠恕」「義」などで抑えようとしました。

つまり「論語」と「算盤」それぞれの強みで、もう一方の問題点を抑えたり、解消に取り組もうとしたのです。この点にこそ、栄一の「論語と算盤」の思想の他にない凄みが端的にあらわれています。

ではなぜ、彼はこのような行動がとれたのでしょうか。それは一言でいってしまえば、彼にとっては「論語」も「算盤」も、結局は、

「手段」

に過ぎなかったからです。

栄一にとっては、『論語』を世間に広げることが目的でも、素晴らしい実業界を日本に築くことが目的でもありませんでした。第三章で触れたように、彼にとっては、「欧米列強から植民地にされない強い日本、繁栄した日本を作ること」こそが志であり、目指す目的だったのです。

そんな彼にとっては、「論語」も「算盤」も志を達成するための一つの手段。だからこそ、それにのめり込み過ぎることなく、それぞれの強みと弱みとを客観的に把握することができました。そのうえで、「片方の強みを以って、他方の弱みを抑える」ことができたのです。

より広い現実を志向する思想

こうした「対極的なもののバランスをとってうまく使う」という発想は、中国古典に色濃く流れ続けているものに他なりません。中華料理店などでよく見かける太極図はその典型ですし、五経の一つ『書経』にも、よき指導者の条件として、次のような指摘があります。

寛容でありながら、厳しい一面がある。

柔和でありながら、芯が通っている。

慎重でありながら、ものごとの処理が機敏。

有能でありながら、相手を見下さない。

従順でありながら、意志が強い。

直情でありながら、心は温かい。

大まかでありながら、筋は通す。

決断力に富みながら、思慮深い。

行動力がありながら、善悪のケジメはわきまえている。

（寛にして栗《りつ》、柔にして立、愿《とく》にして恭、乱にして敬、擾にして毅、直にして温、簡にして廉、剛にして塞、彊《きょう》にして義）[100]

つまり、「寛容さと厳しさ」「柔和さと芯が通っている」といった対極的な要素を同時に持ち、状況に応じて二つをうま

太極図

くバランスさせられるのが、よき指導者というわけです。

確かに、複雑で広範な現実にうまく処して行くためには、厳しいだけ、逆にやさしいだけでは、対処できない局面も当然出てくるでしょう。言葉を換えれば、より広い現実を相手にするには、この「対極の要素」を武器にして、うまくバランスしていくという発想が不可欠になってくるのです。

筆者は、この「現実に処する柔軟さ」と「より広い現実への志向」の二つの面こそ、「論語と算盤」というモットーから、われわれが最も学ぶ面ではないかと考えています。

おわりに

ここまで渋沢栄一の生涯や、その思想について見てきました。最後に、それを踏まえた上で、あらためてこんな問いの答えを考えて、本書の締めとしたいと思います。

「なぜ、渋沢栄一は近代日本の設計者・運営者として、これほどうまく約五百の会社、六百の社会事業にかかわることができたのか」

筆者がここで一番に挙げたい答えは、彼の経験や見識の幅広さです。

まず若かりし頃の栄一の幅広い読書が、その見識の幅広さを育みましたが、彼の人生行路も同じでした。

彼は、農民の子として生まれ、商売をし、武士となり、役人となり、実業家となり、社会事業家となりました。他にも、東京帝国大学で講師として経済を教え、その教え子の一人に日本近代小説の父である坪内逍遙《つぼうちしょうよう》がいます。さらに深川区会議員を務めたこともあり、区会議長にもなっています。

第三章で触れたように、この背後には彼の高い志という筋が一本通っているのですが、しかし表面だけを見れば、彼の人生はある種のカオス。

そしてだからこそ、彼は卓越した制度の設計者たり得たのです。

なぜなら、ほぼあらゆる立場を自分で経験したが故に、彼はあらゆる立場の思いを実体験していました。だからこそ、より広範囲の人を取り込み、納得させることのできる制度を設計できたのです。

武士や商人といった特定の立場だけしか知らない人間では、制度を作るにしても、そもそも何が問題か、どこまで射程に入れていいかさえ、わからなかったでしょう。彼が大蔵省で改正掛を率いたとき、日本の近代化の基盤の数々を迅速に提案できた背景には、こうした面があると筆者は見ています。

さらに彼は若かりし頃ヨーロッパに渡り、後には中国やアメリカも訪れました。自分とは違う価値観を持つ文化や社会を実体験したことで、自分や日本社会をある程度相対化することもできたのです。だからこそ、欧米出自の「近代化」の強みと弱み、そして日本の伝統的な価値観の強みと弱みを見据えることができました。

では、価値観の違う雑多な人々が集まり、矛盾が当たり前の広大な現実を前にして、彼はそれをどのように扱おうとしたのか。

それが「論語と算盤」というモットーに端的な、対極の要素を手段として扱うという方法でした。

たとえば彼は実業界で、競争と協調という相反する二つをバランスさせようとしました。

経営者に対しては道徳を持てと言いつつ、反面で、動機がいいとは言えないような人の世話もしました。「結果などカスに過ぎない」と言いつつ、「会社は結果として社会のためになればいい」とも述べました。「アメリカの合理的精神に見習え」と言いつつ、日本の武士道の精華として「武士は食わねど高楊枝」、つまり精神主義を称揚しました。

これも並べてしまうとカオスのようなものですが、だからこそ複雑きわまりない現実にうまく対処することができたのです。もちろん対極の要素を二つ並べただけでは、機能しません。当事者の無数にある思いを踏まえつつ、状況に応じて二つを最適なバランスに調整し続けることで対処していったのです。その象徴が彼の「熟議」でした。

これとは真逆の例があります。

「はじめに」で、経営学者であり、社会学者でもあるピーター・ドラッカーの言葉を取り上げましたが、彼は、若い頃にウィーンで雑誌記者の仕事をしていて、アドルフ・ヒトラーに何度もインタビューをしたことがあります。それを踏まえて後年、インタビューのなかでこう述べました。

ある種の純粋さ、熱血は扇動政治家や独裁者の証だった。今世紀最大の純粋な人物を上げろと問われれば、私はヒトラーと答えざるをえない。だが、若者がそれを理解するのはなかなか難しい。[101]

ヒトラーが純粋だったとは意外な指摘ですが、なぜそう言えるのか。それは、
「一つの原理を信じ、それによって世界を支配できる」
と純粋に信じ込んでいたからなのです。

しかし現実に対して一つの原理を押しつけても、そこからこぼれ落ちる対象が大量に出ざるを得ません。ヒトラーはそれらを敵や例外として排除していきました。ドラッカーが最も嫌っていた歴史上の人物はヒトラー、ヨシフ・スターリン、毛沢東の三人でしたが、

三人とも同じ行動原理で何千万人もの人を殺戮していったのです。

そして、こうした「純粋さ」とは無縁なところにある知恵が「論語と算盤」なのです。

こんな想像をしてみましょう。

社会という広場の中心に、『論語』という原則を打ち立てました。しかしこれでは、周縁に位置するであろう「私利を動機とするが、結果として社会の役に立つ会社や人」まで覆うことができません。下手をすると排除が始まったりします。

逆に、広場の中心に「算盤」という原則を打ち立てたとします。やはり周縁にいる「道徳を守って、経済的には恵まれない人」を覆えません。失敗者としてあざ笑ったり、切り捨てが始まったりします。

ところが「論語」と「算盤」をそれぞれ両極に立ててみると、あらゆる人々や会社が、両極の幅のなかに包含されるのです。

これが対極をバランスするという考え方の威力であり、だからこそ栄一は、大きく社会全体を包摂しながら、巧みに約五百の会社、六百の社会事業にかかわり、今の日本の繁栄のもとを築き得たのです。

もちろん、こうした考え方が万能なわけではありません。しかし現在、一つの原理から外れるもの、対極にあるものを敵としてしか扱えないような風潮が蔓延しているなかで、こうした知恵に立ちもどることは大きな意味がある、と筆者は信じています。

引用原典

はじめに

(1) 『青淵』二〇二〇年六月号　公益財団法人渋沢栄一記念財団
(2) 『青淵』二〇一四年九月号　公益財団法人渋沢栄一記念財団
(3) 『青淵』二〇一六年一月号　公益財団法人渋沢栄一記念財団
(4) 『マネジメント　課題・責任・実践』P・F・ドラッカー　野田一夫監訳　村上恒夫監訳　ダイヤモンド社
(5) *Harvard Business Review* 2019.09.11「米国トップ企業の経営者181人が株主資本主義との決別を宣言」https://www.dhbr.net/articles/-/6147

第一章

(6) 『青淵回顧録』青淵回顧録刊行会
(7) 『青淵回顧録』青淵回顧録刊行会
(8) 『竜門雑誌』第四九七号　引用者訳
(9) 『竜門雑誌』第四八五号　引用者訳
(10) 『論語と算盤』処世と信条
(11) 『実業之世界』第七巻・第五号「余が七十年の生涯を通じて忘れ難き先輩の一言」引用者訳
(12) 『論語と算盤』処世と信条

第二章

(13) 『自叙益田孝翁伝』益田孝　長井実編　中公文庫

（14）「雨夜譚会談話筆記」 引用者訳

（15）『社長ぐらし三十年』 藤山愛一郎　學風書院

（16）『青淵回顧録』 青淵回顧録刊行会

（17）『青淵回顧録』 青淵回顧録刊行会

（18）『東京市養育院月報』第三三六号「常に情愛の心を持て」 引用者訳

（19）『渋沢栄一伝記資料　四四巻』「東京高等商業学校 付 社団法人如水会」 引用者訳

（20）『渋沢栄一　日本のインフラを創った民間経済の巨人』 木村昌人　ちくま新書

（21）『渋沢栄一伝記資料　四四巻』「成瀬先生追懐録　日本女子大学校第二十五回生編」 引用者訳

（22）『太平洋にかける橋――渋沢栄一の生涯』 渋沢雅英　不二出版

（23）『渋沢栄一　民間経済外交の創始者』 木村昌人　中公新書

（24）『関東大震災と日米外交』 波多野勝　飯森明子　草思社

（25）『太平洋にかける橋――渋沢栄一の生涯』 渋沢雅英　不二出版

（26）『青淵回顧録』 青淵回顧録刊行会

（27）『太平洋にかける橋――渋沢栄一の生涯』 渋沢雅英　不二出版

（28）『太平洋にかける橋――渋沢栄一の生涯』 渋沢雅英　不二出版

（29）『アメリカの排日運動と日米関係　「排日移民法」はなぜ成立したか』 簑原俊洋　朝日選書

（30）『太平洋にかける橋――渋沢栄一の生涯』 渋沢雅英　不二出版

（31）『澁澤敬三著作集』第一巻　平凡社

第三章

（32）『渋沢栄一』 渋沢秀雄　渋沢青淵記念財団竜門社

(33)『渋沢栄一　近代日本社会の創造者』井上潤　山川出版社
(34)『渋沢栄一　日本のインフラを創った民間経済の巨人』木村昌人　ちくま新書
(35)『渋沢栄一の企業者活動の研究』島田昌和　日本経済評論社
(36)『渋沢栄一の企業者活動の研究』島田昌和　日本経済評論社
(37)『渋沢栄一の企業者活動の研究』島田昌和　日本経済評論社
(38)『渋沢栄一の企業者活動の研究』島田昌和　日本経済評論社
(39)『渋沢栄一の企業者活動の研究』島田昌和　日本経済評論社
(40)『論語と算盤』処世と信条
(41)「雨夜譚会談話筆記」引用者訳
(42)『自叙益田孝翁伝』長井実編　中公文庫
(43)『青淵』二〇二〇年六月号　公益財団法人渋沢栄一記念財団
(44)『渋沢栄一』渋沢秀雄　渋沢青淵記念財団竜門社

第四章

(45)『論語と算盤』算盤と権利
(46)『論語講義』憲問第十四
(47)『明治大正農政経済名著集 1　興業意見』農山漁村文化協会
(48)『グローバル資本主義の中の渋沢栄一』「公正な手段で富を得る」ジャネット・ハンター　東洋経済新報社
(49)『渋沢栄一　算盤篇』鹿島茂　文藝春秋
(50)『怪帝　ナポレオン三世　第二帝政全史』鹿島茂　講談社学術文庫
(51)『渋沢栄一』渋沢秀雄　渋沢青淵記念財団竜門社

(52)『論語と算盤』実業と士道
(53)『日本人の経済観念』武田晴人　岩波現代文庫
(54)『論語と算盤』実業と士道
(55)『論語と算盤』実業と士道
(56)『論語と算盤』仁義と富貴
(57)『論語と算盤』実業と士道
(58)『論語と算盤』処世と信条
(59)『自叙益田孝翁伝』長井実編　中公文庫

第五章

(60) 渋沢栄一記念財団ウェブサイト　研究センターだより　30「合本主義」研究プロジェクトについて（1）https://www.shibusawa.or.jp/research/newsletter/759.html
(61)『論語』里仁篇
(62)『論語講義』里仁第四
(63)『論語と算盤』仁義と富貴
(64)『論語講義』里仁編
(65)『論語と算盤』仁義と富貴
(66)『論語と算盤』仁義と富貴
(67)『カイシャ維新――変革期の資本主義の教科書』冨山和彦　朝日新聞出版
(68)『現代日本経済システムの源流』岡崎哲二・奥野正寛編　日本経済新聞社
(69)『現代日本経済システムの源流』岡崎哲二・奥野正寛編　日本経済新聞社

(70)『1940年体制――さらば戦時経済』野口悠紀雄　東洋経済新報社
(71)『論語と算盤』常識と習慣
(72)『論語と算盤』常識と習慣
(73)『日本の思想』丸山真男　岩波新書
(74)『タテ社会の人間関係』中根千枝　講談社現代新書

第六章

(75)『論語』郷党篇
(76)『論語と算盤』処世と信条
(77)『論語と算盤』処世と信条
(78)『論語と算盤』処世と信条
(79)『論語と算盤』算盤と権利
(80)『論語』公冶長篇
(81)『論語』顔淵篇
(82)『論語と算盤』仁義と富貴
(83)『論語と算盤』処世と信条
(84)『論語』里仁篇
(85)『論語』里仁篇
(86)『論語講義』里仁第四

第七章

(87)『論語』陽貨篇

(88)『論語講義』陽貨第十七

(89)『論語と算盤』教育と情誼

(90)『論語と算盤』教育と情誼

(91)『先秦の社会と思想』高木智見　創文社

(92)『礼記』内則篇

(93)『礼記』曲礼下篇

(94)『渋沢栄一訓言集』渋沢青淵記念財団竜門社編　国書刊行会

(95)『論語と算盤』処世と信条

(96)『論語』八佾篇

(97)『論語と算盤』算盤と権利

(98)『福翁自伝』引用者訳

(99)『論語と算盤』成敗と運命

(100)『書経』皋陶謨

おわりに

(101)『現代思想』青土社　Vol. 38-10、２０１０年８月「コンサルタントの条件」Ｐ・Ｆ・ドラッカー　井坂康志訳

現会社名／事業名	栄一との関係						
	1873～（明治6）	1880～（明治13）	1890～（明治23）	1900～（明治33）	1910～（明治43）	1920～（大正9）	1931～（昭和6）
（株）みずほ銀行	総監役	取締役頭取	頭取		相談役		
王子ホールディングス（株） 日本製紙（株）	頭取・株主総代	取締役会長		相談役			
（株）みずほ銀行					相談役		
東京海上日動火災保険（株）		相談役	取締役				
（株）七十七銀行					相談役		
東洋紡（株）		相談役					
東日本旅客鉄道（株）		理事委員		取締役			
日本郵船（株）			取締役				
東京ガス（株）		委員長	取締役会長				
東洋紡（株）		相談役			取締役		
日産化学（株）		委員長	取締役会長				
東京製綱（株）		委員	取締役		取締役会長		
日本煉瓦製造（株） ＊2006年廃業		理事 理事長	取締役会長				
（株）IHI		委員	取締役会長				
（株）帝国ホテル		理事長	取締役会長				
（株）りそな銀行			取締役会長				
オーベクス（株）・オーロラ（株）			取締役会長				
東日本旅客鉄道（株）			監査役		相談役		
日本郵船（株）		監査役					
川崎重工業（株）	創立委員および業務担当社員			監査役			
住友重機械工業（株）				相談役			
東日本旅客鉄道（株）			取締役会長				
太平洋セメント（株）			監査役				
北海道旅客鉄道（株）				相談役			
（株）みずほ銀行			設立委員	監査役			

渋沢栄一が関連した会社および社会事業団体一覧（井上潤作成）

会社名／事業名	主な役割、年号解説
第一国立銀行 （株）第一銀行	明治6〜8 総監役、明治8〜29 取締役頭取 明治29〜大正5 頭取、大正5〜昭和6 相談役
王子製紙（株）	明治7〜頭取・株主総代、 明治26〜31 取締役会長、明治35〜37 相談役
（株）第二十銀行	指導、明治41〜42 相談役
東京海上保険（株）	創立主唱者、明治12〜相談役、明治27〜42 取締役
（株）第七十七銀行	指導、明治42 相談役
大阪紡績（株）	創立主唱者、明治16〜42 相談役
日本鉄道（株）	明治17〜33 理事委員、明治33〜37 取締役
日本郵船（株）	明治26〜42 取締役
東京瓦斯（株）	明治18〜27 委員長、明治27〜42 取締役会長
三重紡績（株）	救済に尽力、明治22〜相談役、明治40〜42取締役
大日本人造肥料（株）	明治20〜26 委員長、明治26〜42 取締役会長
東京製綱（株）	明治20〜26委員、明治26〜取締役、明治31〜42取締役会長
日本煉瓦製造（株）	明治20〜23理事、明治23〜26理事長、 明治26〜42取締役会長
（株）東京石川島造船所	明治22〜26 委員、明治26〜42 取締役会長
（株）帝国ホテル	創立発起人、明治20〜26理事長、明治26〜42取締役会長
（株）東京貯蓄銀行	明治25〜大正5 取締役会長
東京帽子（株）	明治25〜42 取締役会長
北越鉄道（株）	創立発起人会長、明治28〜38監査役、明治38〜42相談役
東洋汽船（株）	創立委員長、明治29〜33 監査役
汽車製造合資会社	明治29〜32創立委員・業務担当社員、明治32〜42監査役
浦賀船渠（株）	明治36〜42 相談役
岩越鉄道（株）	創立発起人、明治29〜38 取締役会長
浅野セメント合資会社	出資社員、明治31〜42 監査役
北海道鉄道（株）	明治34〜37 相談役
（株）日本興業銀行	明治33〜35 設立委員、明治35〜42 監査役

現会社名／事業名	栄一との関係						
	1873～（明治6）	1880～（明治13）	1890～（明治23）	1900～（明治33）	1910～（明治43）	1920～（大正9）	1931～（昭和6）
品川リフラクトリーズ（株）				相談役			
古河機械金属（株）							
アサヒグループホールディングス（株） サッポロホールディングス（株）				取締役			
王子ホールディングス（株）				相談役			
東宝（株）				創立委員長 取締役会長	名誉顧問		
（株）ニッピ				相談役			
澁澤倉庫（株）							
清水建設（株）							
日本紙パルプ商事（株）				顧問			
（株）日本経済新聞社							
——	事務長	院長					
（福）福田会		会計監督		名誉顧問			
——			会計監督				
（更）日本更生保護協会				協議員			
（福）全国社会福祉協議会				会長			
（福）埼玉県共済会					顧問		
（福）滝乃川学園						理事長	
（福）愛の家						顧問	
——						顧問	
——						会長	
（福）全国社会福祉協議会						会長	
日本赤十字社		社員 議員	常議員				
——		幹事 協議委員	優待社員	賛成員 特別社員			
（公社）東京慈恵会				理事・副会長、資金募集相談役兼委員長			
（福）恩賜財団済生会					顧問		
（公財）結核予防会					副会頭	会頭	
聖路加国際病院					評議員会副会長並会計監督		

会社名／事業名	主な役割、年号解説
品川白煉瓦(株)	出資者、明治40～42 相談役
古河鉱業会社	出資者
大日本麦酒(株)	明治39～42 取締役
中央製紙(株)	創立発起人、明治39～42 相談役
帝国劇場(株)	創立発起人、明治39 創立委員長 明治40～大正3取締役会長、大正3～名誉顧問
日本皮革(株)	明治40～42 相談役
澁澤倉庫(株)	発起人
清水満之助商店	指導・援助
合名会社中井商店	明治35 顧問
中外商業新報社	指導
東京養育院	明治9～事務長、明治12～昭和6 院長
(社)福田会	明治12～会計監督、明治32～名誉顧問
東京感化院慈善会	明治22～37 会計監督
東京出獄人保護所	明治35～協議員
中央慈善協会	明治41～会長
(財)埼玉県共済会	大正8～顧問
(財)滝乃川学園	大正9～昭和6 理事長
愛の家	大正12～昭和6 顧問
恩賜財団慶福会	大正13～昭和6 顧問
中央盲人福祉協会	昭和4～6 会長
(財)全日本方面委員聯盟	昭和6 会長
博愛社	明治13～社員、明治19～議員、明治26～37常議員
(社)同愛社	明治17～幹事、明治23～25協議委員、明治27優待社員、 明治39賛成員、明治42特別社員
(社)東京慈恵会	明治40～理事・副会長、資金募集相談役兼委員長
恩賜財団済生会	明治44～顧問、評議員
(財)日本結核予防協会	大正2～副会頭、大正10～昭和6 会頭
聖路加病院	大正3～評議員会副会長並会計監督

現会社名／事業名	栄一との関係						
	1873～（明治6）	1880～（明治13）	1890～（明治23）	1900～（明治33）	1910～（明治43）	1920～（大正9）	1931～（昭和6）
（福）三井記念病院					評議員会副会長	顧問	会長
（福）ふれあい福祉協会						会頭、理事	
救世軍ブース記念病院					発起人		
一橋大学	経営委員	委員	校務商議委員				
東京大学		文学部講師					
工学院大学			賛助員			顧問	
東京経済大学				協議員、学校設立委員 協議員・理事兼監事			
岩倉高等学校					社員	評議員	
（学）高千穂学園				資金保管主任 評議員			
（学）東京女学館		評議員 会計監督			評議員長	館長 理事長・館長兼会計監督	
日本女子大学			設立発起人、創立委員 会計監督	建・教 評議員			校長
（学）嘉悦学園						学校建設後援会発起人	顧問
（学）跡見学園				顧問			
早稲田大学				大学基金管理委員（長）	大学維持員、校規改定調査委員（会長）	終身維持員 故大隈侯爵記念事業後援会会長	
明治大学					大学評議員		
専修大学				商議員			
（学）青山学院					名誉評議員		
國學院大學				賛襄、顧問			
（学）二松学舎					顧問 会長・理事、評議員 舎長・理事		
（学）国士舘						維持委員	
（公財）埼玉学生誘掖会				会頭			

※会社名は『青淵渋沢先生七十寿祝賀会記念帖』【1911（明治44）年春】より抜粋
※社会福祉事業に関しては『渋沢栄一伝記資料』所収関係資料より作成

会社名／事業名	主な役割、年号解説
(財)泉橋慈善病院	大正8～評議員会副会長、大正9～顧問、昭和5～会長
(財)癩予防協会	昭和6 会頭、理事
救世軍病院	明治45 発起人
東京商法講習所 [東京高等商業学校]	明治8～経営委員、明治12～委員、 明治17～校務商議委員
東京大学	明治14～16 文学部講師
工手学校	明治21～ 賛助員、大正14～顧問
大倉商業学校 [大倉高等商業学校]	明治31～協議員、学校設立委員、協議員・理事兼監事
(財)岩倉鉄道学校	明治44～社員、大正13～昭和6 評議員
(財)高千穂学校 [高千穂高等商業学校]	明治36～42 資金保管主任、明治40～昭和6 評議員
(財)東京女学館	明治19～評議員、明治21～会計監督、大正7～評議員長、 大正13～館長、昭和5理事長・館長兼会計監督
日本女子大学校	明治30～設立発起人、創立委員、会計監督、明治33～ 建築委員、教務委員、明治37～評議員、昭和6校長
(財)日本女子高等商業学校	昭和3 学校建設後援会発起人、昭和4～6 顧問
跡見高等女学校	明治42～大正6 顧問
早稲田大学	明治41～大学基金管理委員(長)、大正6～大学維持員、 校規改定調査委員(会長)、大正7～昭和6終身維持員、 大正11故大隈侯爵記念事業後援会会長
明治法律学校	明治44～ 大学評議員
専修学校	明治40～42 商議員
青山学院	大正7 名誉評議員
皇典講究所・國學院大学	明治41 賛襄、顧問
(財)二松義会	明治43顧問、大正6 会長・理事・評議員、 大正8舎長・理事
(財)国士舘	大正11～昭和6 維持委員
(財)埼玉学生誘掖会	明治35～会頭

※現会社名が同じでも組織上は変化していることもある
※同じ団体名でも時期により組織上で変化している

校閲　高松完子
図版作成　原 清人
DTP　NOAH

守屋 淳 もりや・あつし
作家。1965年、東京都生まれ。
早稲田大学第一文学部卒業。
中国古典の研究者として多くの著作を発表するとともに、
渋沢栄一や明治の実業家にかんする著作・翻訳を数多く手がける。
渋沢栄一関連の主な著書・訳書に、
『渋沢栄一の「論語講義」』『現代語訳 渋沢栄一伝』(ともに平凡社新書)、
『[現代語訳]論語と算盤』(ちくま新書)ほか。

NHK出版新書 641

渋沢栄一「論語と算盤」の思想入門

2020年12月10日 第1刷発行

著者 守屋 淳 ©2020 Moriya Atsushi

発行者 森永公紀

発行所 NHK出版
〒150-8081 東京都渋谷区宇田川町41-1
電話 (0570) 009-321(問い合わせ) (0570) 000-321(注文)
https://www.nhk-book.co.jp (ホームページ)
振替 00110-1-49701

ブックデザイン albireo

印刷 新藤慶昌堂・近代美術

製本 藤田製本

Printed in Japan ISBN978-4-14-088641-0 C0236